복제의 기술

복제의 기술

보GO! 듣GO! 맡GO! 먹GO!
만나GO! 전달하GO!

송진구 지음

6감 6GO!

아름다운사회
Beautiful Society

프롤로그

안녕하십니까?

인간은 누구나 현재보다 나은 삶을 꿈꿉니다. 문제는 꿈만 꾼다는 데 있습니다. 지금보다 나은 삶이란 지금과 다른 삶을 의미하는데, 이를 위해서는 현실을 바꿔야 합니다. 하지만 사람들은 현실을 바꿀 생각도, 행동도 하지 않고 무작정 지금보다 나은 삶을 꿈꿉니다. 안타깝게도 원하기만 해서는 현재보다 나은 삶을 살아갈 수 없습니다. 간절히 원하는 꿈이 있다면 구체적인 목표를 세우고 그에 따른 행동을 해야 꿈이 현실이 됩니다.

우리에게는 매일 다양한 일이 일어나는데, 그것이 현실로 나타나는 까닭은 우리가 두 가지 행동을 하기 때문입니다. 하나는 간절히 원하는 것이고 다른 하나는 두려워하는 것입니다. 간절한 바람이 현실화하는 것은 쉽게 이해할 수 있지만 두려워하는 일은 그렇지 않습니다. 왜 두려워하던 일이 현실로 나타나 우리를 괴롭히는 걸까요? 그것은 두려워하던 기억이 남아 있기 때문입니다. 뇌는 간절히 바라든 두려워하든 우리가 깊게 생각한 것을 기억합니다.

　정말로 원하는 일이라면 간절히 바라십시오.

　피할 수 없는 일이라면 두려워하지 말고 도전하십시오.

　나아가 희망을 품으십시오. 희망에 가득 찬 사람은 표정부터가 다릅니다. 그들은 스스로를 믿고 자신의 선택을 확신합니다. 그리고 행동합니다.

　여러분은 현명하게도 네트워크 마케팅 사업을 선택했습니다. 네트워크 마케팅 사업을 통해 보다 나은 삶을 꿈꾼다면 두려워하지 말고 계속 나아가십시오. 꿈꾸는 라이프스타일을 간절히 바라고 행동하십시오. 그러면 여러분은 분명 꿈꾸는 삶을 현실화할 수 있을 것입니다. 행동하지 않고 고민만 하고 있으면 보다 나은 삶은 내 것이 아니라 다른 사람의 것이 되고 맙니다.

　2012년 7월 10일 공정거래위원회가 발표한 자료에 따르면 우리나라 네트워크 마케팅 시장의 규모는 약 3조 원입니다. 그 중 후원수당이 무려 9,500억 원을 차지하고 있습니다. 엄청난 액수가 아닙니까? 상당수 사람들이 '네트워크 마케팅'이라는 말만 꺼내도 손사래를 치고 이상한 눈으로 바라보지만, 다른 한 편에서는 현명한 선택의 대가를 누리는 사람들이 있다는 얘기입니다. 현실을 제대로 파악하지도 않고 무작정 알레르기 반응을 보이는 사람은 9,500억 원의 후원수당 중 단 1원도 가져갈 수 없습니다.

반면 누군가는 9,500억 원에서 자신의 몫을 챙깁니다. 그게 누구일까요? 바로 간절한 비전을 품고 행동하는 사람들입니다. 세상에 행동하지 않고 얻을 수 있는 것은 아무것도 없습니다. 이미 검증된 네트워크 마케팅 사업의 적법성, 타당성을 따지며 선뜻 행동하지 못하는 사람들은 손에 모래알을 쥐고 있는 것이나 마찬가지입니다. 안됐지만 손에서 줄줄 빠져나가는 그 모래알은 '인생'입니다.

이 책은 어떻게 하면 네트워크 마케팅 사업에서 성공할 수 있는지, 또 어떻게 하면 내가 9,500억 원의 주인공이 될 수 있는지 그 해법을 제시합니다.

네트워크 마케팅은 제품을 판매하는 사업이 아닙니다. 분명히 말하지만 네트워크 마케팅은 사람을 늘려 그룹을 확장하는 사업입니다. 따라서 가장 중요한 것은 '복제'입니다. 나와 똑같이 행동하는 사람을 많이 만드는 것이 네트워크 마케팅 사업의 핵심입니다. 나처럼 행동하는 사람을 많이 만들면 네트워크 마케팅 사업에서 성공할 수 있습니다.

어떻게 하면 나처럼 행동하는 사람을 많이 만들 수 있을까요?

어떻게 하면 나를 최대한 많이 복제할 수 있을까요?

이 책은 이러한 질문에 대한 답을 주고 있습니다.

책의 구성 단계를 간단히 소개하면 다음과 같습니다.

1단계, 대한민국의 '현실'을 점검합니다.

무엇보다 1년에 100만 명이 창업하고 80만 명이 전업 혹은 폐업하는 현실을 기반으로 자영업 창업과 네트워크 마케팅 사업의 차이를 비교합니다.

2단계, '희망'을 근원적으로 풀어냅니다.

모든 사업, 특히 네트워크 마케팅 사업에서 희망은 핵심 중의 핵심입니다. 이에 따라 어떻게 희망을 품고 절망을 비울 수 있는지에 대해 답을 제시합니다.

3단계, 눈이 번쩍 뜨이는 '복제의 기술'을 제시합니다.

그 간단한 방법은 누구라도 따라 하기만 하면 복제를 완성할 수 있는 여섯 가지 '복제의 기술'입니다.

'복제의 기술'이 제시하는 해법을 충분히 익혀 여러분이 9,500억 원의 주인공이 되길 바랍니다. 큰 성공을 기원합니다.

송진구 dream

복제의 기술

복제의 기술

제 **1** 장

나는
대한민국호의
어디쯤에
탑승해 있는가

나는 대한민국호의
어디쯤에 탑승해 있는가

잊을 만하면 리바이벌되어 우리 앞에 다시 나타나는 역사 속의 여인 중 가장 대표적인 인물이 바로 장희빈입니다. 그동안 장희빈 역을 맡은 역대 연기자의 계보까지 있을 정도지요. 최근에 밝혀진 얘기인데 그 장희빈이 글쎄 사약을 먹고 죽은 게 아니라고 하더군요. 뜬금없이 무슨 말이냐고요? 원래 장희빈이 사약을 받잖습니까. 그런데 사약을 받은 장희빈이 곰곰이 생각해보니 너무 분한 거예요. 그래서 사약을 들고 숙종한테 따지러 갔답니다.

"이것이 진정 마마의 마음이시옵니까?"

그때 숙종이 이랬답니다.

"내 마음은 따로 있느니라."

"무엇이옵니까?"

"사약그릇 옆에 써 놨느니라."

장희빈이 그걸 딱 보고 사약을 먹기도 전에 죽었답니다. 거기에 뭐라고 쓰여 있었는지 아세요?

"원~~~샷!"

설마 이 얘기를 역사적 사실로 믿는 건 아니겠죠? 네, 웃자고 하는 소립니다.

여러분을 지면으로 만나 뵙게 되어 무척 반갑습니다. 제가 현장에 갈 때마다 늘 놀라는 사실이 하나 있는데 그건 여러분이 언제나 열정적이고 적극적이라는 겁니다. 에너지가 그처럼 폭발적인 경우는 정말 보기 드문 일입니다. 그만큼 일에 대한 열정과 자부심이 강하다는 의미겠지요. 이 책이 충분히 보여주고 있지만 사실 여러분은 여러분의 일에 대해 자부심을 듬뿍 가져도 좋습니다. 어디 가서 자랑을 해도 좋고요. 그럼 현실 점검부터 시작해보도록 하겠습니다.

1. 내 등짝에 빨대를 꽂은 부채

혹시 여러분은 가끔 이런 생각을 하지 않나요?

'경기가 어렵다, 어렵다 하면서도 쓰는 사람은 여전히 잘만 쓰는군.'

희한하게도 나는 먹고살기가 **빡빡**한데 주말에 보면 고속도로는 꽉꽉 들어차고 돈을 쓰는 사람은 여전히 잘 씁니다. 아파트 미분양이 쌓여간다는 말이 무색하게 조금이라도 투자 가치가 있다 싶으면 여지없이 사람들이 몰려듭니다. 뭘까요? 대체 우린 뭘 놓치고 있는 걸까요?

일단 우리나라 상황을 좀 봅시다.

지금 대한민국의 가장 골치 아픈 문젯거리 1호는 아마 가계부채일 겁니다. 현재 대한민국의 가계부채는 1,000조 원입니다. 1,000조 원 하니까 얼른 감이 오지 않죠? 대한민국 정부 1년 예산이 342조 원입니다. 그게 정부가 1년 동안 쓰는 돈입니다. 그런데 가계부채가 그 세 배에 가까운 1,000조 원이라는 겁니다. 가계의 허리를 짓누르는 1,000조 원 중에서 아파트 담보대출이 400조 원입니다. 나머지 600조 원은 신용대출이지요.

더 중요한 건 그 400조 원이 그냥 400조 원이 아니라는 겁니다. 사람들은 대부분 돈을 빌려서 집을 삽니다. 그렇죠? 은행에서 대출을 받아 구입한 집 중에서 대출금을 상환하면 돈이 제로가 되는 집이 수두룩한데, 그게 바로 요즘 흔히 말하는 '깡통주택'입니다. 그럼 그 깡통주택이 대체 몇 채나 되는 걸까요? 무려 19만 채입니다. 입이 떡 벌어질 만한 수준이 아닙니까? 만약 그 19만 가정의 가장이 직장을 잃는다고 생각해보십시오. 다시 말해 19만 가정이 순식간에 길바닥에 나앉게 되는 상황을 떠올려보세요. 정말 끔찍한 시나리오입니다.

대한민국의 가정을 떠맡고 있는 가장 중 이미 직장이 없는 사람이 255만 명입니다. 숫자로만 보면 그 의미가 쉽게 와 닿지 않을 수도 있습니다. 간단히 말해 여섯 가정당 한 가정의 가장이 백수라는 얘기입니다. 여섯 가정당 한 가정입니다!

이들은 왜 직장을 잃게 된 걸까요? 물론 이들이 일하기 싫어서 빈둥거리는 것은 절대 아닙니다. 일하고 싶어도 일이 없는 것뿐입니다. 예전에는 A라는 기업에서 해고당하면 B라는 기업으로 전직하는 게 그리 어렵지 않았습니다. 그런데 지금은 그게 불가능합니다. 왜냐고요? B라는 기업이 아예 존재하지 않기 때문입니다. 취직할 데가 없어요. 그게 우리의 현실입니다. 취직이 안 되면 그냥 굶을 수는 없으니 뭘 시도합니까? 바로 창업입니다.

2. '내 선택이 옳은지' 시작할 때 따져보라

거리를 걷다 보면 문득 간판이 자꾸만 바뀌고 있음을 깨닫습니다. '폭탄 할인', '대폭 할인' 등 유리문 앞에 할인한다는 문구를 내걸은 점포도 굉장히 많습니다. 그러한 거리의 모습에서 불황을 간파했다면 여러분은 정말 대단한 겁니다.

실제로 베이비붐 세대의 은퇴와 재취업의 어려움이 맞물리면서 거리의 간판은 하룻밤 사이에도 여러 개가 바뀌고 있습니다. 그도 그럴 것이 국내에서 자영업을 창업하는 사람이 1년에 100만 명이나 됩니다. 엄청난 숫자죠. 그렇다면 그 100만 명 중에서 '사업을 하다가 망할지도 몰라'라는 생각을 하는 사람이 몇 명이나 될 것 같습니까? 단 한 명도 없습니다. 누구나 시작할 때는 포부도 당당합니다.

'흥, 다른 사람은 몰라도 나는 절대 실패하지 않아. 난 분명 성공할 거야!'

대다수가 이런 생각을 합니다. 그야말로 꿈이 야무진 겁니다. 현실이 그걸 똑똑히 보여주고 있지요. 1년에 문을 닫거나 전업하는 사람들이 몇 명인 줄 아십니까? 무려 80만 명에 달합니다. 100만 명이 성공할 거라는 꿈을 안고 시작했다가 80만 명이 등짝에 빚을 짊어지고 문을 닫거나 전업한다는 얘기입니다.

더 심각한 것은 그들 중 일부가 절대로 시도해서는 안 될 일을 시도한다는 겁니다. 바로 자살입니다. 그렇게 자살을 시도하는 사람이 얼마나 되는지 아시나요? 하도 많아서 일일이 매스컴에 드러나지 않지만 하루에 1,100명이나 되는 사람이 목숨을 끊으려는 시도를 합니다. 안타깝게도 그중 44명이 정말로 자살에 성공합니다. 1년에 1만 6,000명이 제 스스로 세상을 버리는 나라가 대한민국입니다. 불명예스럽게도 OECD 국가 중 자살이 1등이지요.

그렇다고 그들이 죽기 전에 어디가 이상했던 사람은 아닙니다. 그냥 우리처럼 보통 사람일 뿐입니다. 하지만 그들은 죽기 전에 어떤 과정을 거칩니다. 그게 뭘까요? 우선 죽기 전에 실패라는 참혹한 현실에 직면합니다. 그럼 실패하기 전에는 무얼 합니까? 뭔가를 시작합니다. 우리의 조상들이 '시작이 반이다'라고 한 말을 허투루 들어서는 안 됩니다. 흔히 이 말을 '일단 시작하면 반은 먹고 들어간다'는 식으로만 해석하는데, 그보다 더 중요한 건 '제대로 된 선택을 해야 한다'는 겁니다. 선택을 잘하면 정말로 반은 먹고 들어갈 수 있습니다. 그래서 시작이 중요한 겁니다. 반면 시작을 잘못하면 심지어 죽을 수도 있습니다. 잘못 시작했다는 것을 죽기 전에야 깨닫는다면 그야말로 끔찍하지 않겠습니까?

3. 베이비부머라는 새로운 시장

지금 대한민국은 IMF 이후 가장 어려운 시대로 빠져들고 있습니다. 사람들의 입에서 "IMF 때도 이렇지는 않았다"는 말이 절로 흘러나올 정도입니다. 그런 의미에서 저는 여러분의 선택에 대대적인 박수를 보냅니다. 여러분은 그야말로 탁월한 선택을 한 겁니다. 국가의 전체적인 틀로 볼 때 대한민국은 좋지 않은 상황으로 빠져들고 있지만, 네트워커의 입장에서 이것은 굉장한 호기가 될 수 있습니다.

그 이유가 궁금하죠? 1997년 IMF가 터지면서 가정에서 살림만 하던 주부들이 대거 사회생활을 시작했습니다. 당시 4, 50대 주부들의 취업률이 굉장한 속도로 상승했지요. 제가 볼 때 경제가 저성장 기조인 2013년부터 또다시 주부들의 적극적인 공세가 시작될 것 같습니다. 그것도 엄청난 러시가 시작될 겁니다.

현실을 곰곰이 생각해봅시다. 현재 대한민국에 베이비부머가 약 714만 명이 있습니다. 전체 인구의 15퍼센트쯤 됩니다. 이들이 실직하거나 은퇴하면 뭘 하겠습니까? 나이에 걸리거나 눈높이에 맞지 않아 재취업이 어려우니 대개는 자영업에 뛰어듭니다. 물론 앞에서도 말했듯 이들 중 대다수가 자영업에서 실패합니다. 애초부터 실패하지 않는 네트워크 마케팅 사업을 시작한다면 좋겠지만, 안타깝게도 이들의 고정관념이나 편견은 무서울 정도로 단단합니다. 어디선가 좀 이상한 얘기를 들으면 사실 여부를 알아보지도 않고 무조건 배척합니다. 자영업에 뛰어들었다가 비싼 대가를 치르고 나서야 간신히 새로운 기회에 눈을 뜨지요. 어쨌든 자영업에 실패한 이들은 하나의 커다란 시장을 형성합니다. 그 시장이 현명하게 네트워크 마케팅 사업을 선택한 여러분에게 굉장한 기회가 될 수 있습니다.

이미 자영업에 돈을 투자했다가 날려버린 사람들의 입장에서 큰 자본이 들지 않고 종업원이 필요 없으며 스스로 사장이 되어 자유롭게 사업을 할 수 있는 네트워크 마케팅은 새로운 기회로 보일 수밖에 없습니다. 자영업을 통해 세상의 쓴맛을 제대로 봤기 때문입니다. 솔직히 요즘 자영업을 하려면 아무리 적게 잡아도 억은 기본이 아닙니까? 그 많은 돈을 투자해서 본전을 뽑으려면 가족을 모두 동원하고도 본인이 아침 일찍부터 저녁 늦게까지 쉬지 않고 일해야 합니다.

그럼 자영업의 실상을 좀 더 구체적으로 살펴봅시다.

4. 먹는장사? 쉽게 보다간 거덜 난다

창업에 필요한 요소에는 세 가지가 있습니다.

첫째는 창업자입니다. 일단 일을 시작하는 사람이 있어야 하죠. 둘째는 아이템입니다. 대한민국 창업자들이 가장 많이 선택하는 아이템이 무엇인지 아십니까? 바로 식당입니다. 먹는장사를 하면 망할 일은 없다는 고정관념이 뿌리박혀 있기 때문입니다. 식당을 개업하는 데 돈이 얼마나 들 것 같습니까? 보통 2억 원 이상 들어갑니다. 퇴직금에다 여기저기에서 돈을 끌어들여 2억 원 정도를 마련한 사람들이 가장 많이 선택하는 사업은 식당입니다. 그런데 아이러니하게도 가장 빨리 망하는 창업 아이템도 식당입니다. 왜 그럴까요?

여기에는 구조적인 문제가 있습니다.

이해를 돕기 위해 미국과 대한민국의 상황을 비교해보겠습니다. 대한민국에서 수입을 올리는 사람, 즉 월급받는 사람, 자영업자, 사업하는 사람 중 자영업자가 차지하는 비율이 30퍼센트나 됩니다. 그 비율이 세계 1위입니다. 미국의 경우 자영업자 비율이 7퍼센트밖에 안 됩니다. 이러한 차이는 구조적인 문제에서 비롯됩니다. 미국인은 정말로 자신이 자영업을 원해서 창업하는 사람이 대다수입니다. 반면 한국인은 어떻습니까? 대개 어떤 경우에 창업을 합니까? 할 게 없을 때 창업을 합니다. 먹고 살기 위해 어쩔 수 없이 창업을 한다는 말입니다. 그러니 당연히 힘들 수밖에 없지요.

'자영업' 하면 으레 먹는장사를 생각하는 게 우리의 현실입니다. 그러면 식당의 숫자를 미국과 한번 비교해봅시다. 미국에는 인구 천 명당 1.8개의 식당이 있습니다. 대한민국에는 인구 천 명당 12.2개의 식당이 있습니다. 무려 6배나 더 많은 겁니다. 이러한 현실은 우리에게 무엇을 보여줄까요? 간단합니다. 자영업을 시작하면서 식당을 아이템으로 선택하면 그 순간 망하는 길로 들어선다는 것입니다.

그야말로 이것은 구조적인 문제입니다. 현실이 이런데도 여전히 많은 사람이 식당을 창업합니다. 왜냐고요? 아까 말한 대로 달리 방법이 없기 때문입니다. 먹는장사 외에는 딱히 할 게 없다고 생각하는 겁니다.

셋째는 돈입니다. 돈 문제는 아주 심각하게 생각해봐야 합니다. 자영업을 시작하려는 사람은 대개 4, 50대인데 이때는 먹고 사는 비용이 일생 중 가장 많이 들어가는 시기입니다. 그야말로 쓸 곳이 산더미입니다. 그런 탓에 일을 하지 않을 수 없고 당연히 쉴 수도 없습니다. 하지만 그럴수록 돈 버는 일에 더욱더 신중히 임해야 합니다. 특히 돈을 투자해서 돈을 벌 궁리를 할 때

진정 투자 가치가 있는지 세심하게 살펴야 합니다. 자칫 잘못하면 돈을 벌기는커녕 오히려 인생을 잡아먹히고 말지도 모릅니다. 그럼 돈 문제를 더 자세히 생각해봅시다.

5. 자영업 창업 No! 네트워크 마케팅 OK!

가령 2억 원을 투자해서 자영업을 시작한다고 가정해봅시다. 2억 원을 투자하면 얼마나 벌까요? 2억 원을 투자해 하루 12시간 이상씩 일하면 보통은 아무리 못해도 400~500만 원은 벌지 않겠나 생각합니다. 천만의 말씀입니다. 현실은 그런 계산과 멀어도 한참이나 멉니다.

현재 대한민국에 자영업자가 전체 572만 명이 있습니다. 그중 2억 원을 투자하고 하루에 12시간씩 죽어라고 일해도 한 달에 100만 원도 못 버는 사람이 수두룩합니다. 톡 까놓고 전체 자영업자의 57퍼센트가 그렇습니다. 엄청나지 않습니까? 수억 원을 투자하고 시작한 창업자 100명 중 57명이 한 달에 100만 원도 못 버는 겁니다.

그보다 더 무서운 사실이 있습니다. 매달 그야말로 몸이 부서져라 일해도 1원도 못 버는 데도 있습니다. 그들은 매달 0원도 아니고 적자입니다. 전체 자영업자의 27퍼센트가 적자를 보고 있습니다. 이것이 우리의 현실입니다. 매달 수입 400~500만 원을 꿈꾸십니까? 그만큼 수익을 올리는 사람은 전체 자영업자의 5.6퍼센트밖에 안 됩니다. 이래서 우리의 현실이 암담한 겁니다.

한 달에 100만원 못 버는 330만명 (57%)

전국 소상공인 실태 조사 결과 2010년 전국 소상공인 1만69명 응답

월평균 매출액

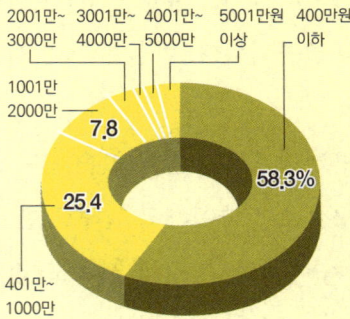

2001만~3000만 / 3001만~4000만 / 4001만~5000만 / 5001만원 이상 / 400만원 이하

1001만~2000만

7.8

25.4

58.3%

401만~1000만

월평균 수입

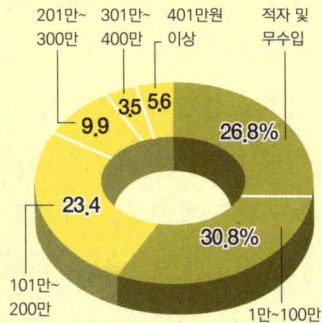

201만~300만 / 301만~400만 / 401만원 이상 / 적자 및 무수입

3.5 5.6

9.9

26.8%

23.4

30.8%

101만~200만

1만~100만

자영업자 572만 명 (조선일보 2011년 8월 17일자)

자영업 창업이 위험한 이유는 또 있습니다. 자영업을 잘못 시작했다가 망하면 그냥 문을 닫는 것에서 끝나지 않습니다. 그

후폭풍이 엄청난 압력으로 몰아칩니다. 예를 들어 여러분이 식당을 3년짜리로 계약했다고 해봅시다. 안타깝게도 식당을 시작한 상당수 자영업자가 6개월 정도면 문을 닫습니다.

자, 망했습니다. 이때 문을 닫으면 그걸로 끝나는 게 아닙니다. 이제부터 실패 게임이 시작됩니다. 6개월 만에 망하면 계약 기간이 얼마나 남나요? 3년 계약이라고 했으니 2년 6개월이 남습니다. 말도 안 되는 얘기라고 할지도 모르지만 그 2년 6개월간 여러분이 월세를 다 물어줘야 합니다. 망한 점포는 권리금을 받을 수도 없는데 말입니다. 그뿐 아니라 관리비도 내야 합니다. 그렇지 않으면 그 족쇄가 여러분을 끝까지 쫓아옵니다. 계약, 빚, 채무가 얼마나 지독한지는 겪어본 사람은 다 알 겁니다. 저승사자도 그보다는 인정이 있을 거라는 생각이 들 만큼 압박이 엄청납니다. 또 건물 간판을 몽땅 떼어내고 멀쩡한 인테리어도 죄다 걷어내야 합니다. 그야말로 피눈물이 나는 일이지요.

이런 게 계약 조건입니다. 시작할 때는 망한다는 생각을 전혀 하지 않으니까 3년을 그리 긴 기간으로 여기지 않지요. 세상은 생각만큼 호락호락하지 않습니다. 제가 목청껏 외치건대 절대로 목숨을 걸어야 하는 자영업 창업은 하지 마십시오. 특히 2013년부터 베이비부머 세대들 때문에 자영업 창업이 더 큰 문제로 떠오를 겁니다. 다시 한 번 강조합니다. 주변에서 자영업을 창업하려 하면 도시락을 싸들고 다니며 말리십시오!

제가 권하는 창업은 리스크를 헤징할 수 있는 일입니다. 중년기에 창업을 하려면 절대적으로 위험부담이 없어야 합니다. 그래서 저는 시장과 소비자로부터 검증을 받고 완벽한 시스템을 갖춘 회사를 선택해 네트워크 마케팅 사업을 창업하길 권합니다. IMF 때 숱한 주부들이 사회로 뛰어들었듯 2013년부터 상당수의 베이비부머가 새로운 일에 뛰어들고 있습니다. 여러분의 가족을 포함해 이들 모두가 자영업을 잘못 창업하면 목숨을 걸 수도 있습니다. 그들이 목숨 걸지 않고 일할 수 있도록 리스크를 헤징하는 쪽으로 안내하십시오. 그게 뭘까요? 바로 네트워크 마케팅 사업입니다. 네트워크 마케팅 사업은 창업비용을 거의 들이지 않고 자유롭게 내 사업을 할 수 있는 기회입니다. 설령 하다가 그만두더라도 자영업을 할 때처럼 월세를 물어주거나 빚을 떠안을 염려가 없습니다. 남에게 민폐를 끼칠 일도 없지요. 우리는 좀 더 현명하게 현실의 흐름을 직시해야 합니다.

6. 점포 사업 vs. 네트워크 마케팅 사업

현재의 관점에서 네트워크 마케팅 사업에 뛰어든 여러분은 현명한 선택을 한 겁니다. 여러분 중에는 판사나 검사, 교사, 교수, 회계사, 약사, 의사로 일하고 있거나 일한 사람들도 있을 겁니다. 어찌되었든 누구나 일생 중 한 번은 창업을 피할 수 없습니다. 우리의 수명이 대폭 늘어났기 때문입니다.

현실적으로 공부하는 기간이 길어지면서 많은 남성이 30대가 되어서야 사회에 발을 내딛습니다. 그런데 은퇴 시기는 붙박이처럼 못 박혀 있습니다. 아니, 그 은퇴 시기라도 제대로 지켜지면 다행일 지경입니다. 사실은 시시때때로 구조조정을 당하고 있지요. 그러니 은퇴하고 나서 3, 40년을 더 살려면 뭐라도 하는 수밖에 없습니다. 그야말로 창업은 피할 수 없는 일입니다. 이때 중요한 것은 '어떤 창업을 할 것인가' 하는 문제입니다.

자영업 창업을 생각한다고요? 안 됩니다! 앞에서도 말했지만 자영업 창업에서 실패하면 돌이킬 수가 없습니다. 이미 은퇴하고 자영업에 뛰어들었다가 돈을 날린 사람들의 사연이 수없이 많습니다.

그럼 이쯤에서 점포 사업과 네트워크 마케팅 사업을 비교 분석해봅시다. 실상을 알아야 보다 현명하게 대처할 수 있을 테니 말입니다.

첫째, 초기 투자비용입니다. 점포 사업을 선택할 경우 예를 들면 식당 창업에 2억 원 정도가 들어갑니다. 네트워크 마케팅 사업은 어떨까요? 거의 없습니다. 그저 본인의 활동경비 정도만 있으면 됩니다. 교통비나 밥값, 차를 마시는 정도의 비용이면 된다는 얘기입니다.

둘째, 리스크입니다. 점포 사업의 리스크는 어느 정도일까요? 식당의 경우 2억 +α죠. 내가 투자한 비용을 포함해 추가로 얼마가 더 들어갈지 알 수 없습니다. 네트워크 마케팅 사업에서의 리스크는 어떨까요? 중간에 그만두면 "내가 그럴 줄 알았어. 너는 끝까지 하지 않을 줄 알았어"라는 말을 듣는 게 전부입니다. 돈을 잃는 건 없습니다. 물론 활동경비야 사라지겠죠. 하지만 사업을 하다가 그 정도 잃은 걸 두고 돈을 잃었네 마네 하는 건 우스운 일 아닙니까?

셋째, 수익입니다. 점포 사업의 수익은 정해져 있습니다. 월 수입 100만 원 미만이 57퍼센트에 달한다는 통계가 우리의 현실을 잘 보여줍니다. 그다음으로 매일 적자를 보는 점포가 27퍼센트에 이릅니다. 400만 원 이상 버는 점포는 5.6퍼센트밖에 되지 않습니다. 그런데 네트워커들의 수익은 어떻습니까? 활동한 만큼, 노력해서 버는 만큼이 몽땅 내 수익입니다. 내가 한 만큼

공정하게 받는 겁니다. 그걸 누가 빼앗아가나요? 절대 그럴 일
은 없습니다. 통장으로 꼬박꼬박 들어오니까요.

넷째, 제품 검증입니다. 점포 사업은 어떻습니까? 식당은 소
비자에게 손맛을 검증받지요. 식당마다 음식 맛이 다르기 때문
입니다. 한마디로 주먹구구식이고 들쭉날쭉입니다. 네트워커
로 일하는 여러분 회사의 제품은 검증이 됐나요? 당연히 그럴
겁니다. 제대로 된 시스템을 갖춘 네트워크 마케팅 회사는 국내
도 아니고 세계적으로 검증을 끝낸 상태입니다. 이미 오래 전에
검증을 마치고 소비자의 삶에 윤기를 더해주고자 애를 쓰고 있
지요.

다섯째, 구매 빈도입니다. 식당을 열면 아무리 손님이 많이
와도 그 숫자가 제한적입니다. 공간과 시간에 한계가 있기 때문
입니다. 사례를 좀 바꿔서 만약 자동차를 판매한다면 구매 빈도
가 어떨까요? 자동차를 한 대 구입하면 새 차를 구입하는 데 걸
리는 시간은 6.7년입니다. 네트워커인 여러분이 취급하는 제품
의 구매 빈도는 어떻습니까? 거의 매일 일어나죠? 매일 사용하
는 제품이니 당연합니다. 우리가 일상적으로 먹고 쓰는 제품이
라 지속적인 구매가 일어나는 것입니다.

여섯째, 장래성입니다. 점포 사업이나 여타 다른 사업은 건
별로 수입이 종료됩니다. 내가 망하거나 문을 닫으면 그걸로 끝

입니다. 빚을 뒤집어쓰지 않으면 그나마 다행이지요. 그러나 네트워크 마케팅 사업은 다릅니다. 흥미롭게도 이 사업은 상속이 가능합니다. 수익이 누적되는 것은 말할 것도 없고요. 물론 오래 일하면 일할수록 누적 수익은 더 늘어납니다.

결론은 이렇습니다.

점포 사업은 가급적 하지 마십시오! 자칫 잘못하면 목숨을 잃을 수도 있습니다. 차라리 리스크를 헤징할 수 있는 네트워크 마케팅 사업을 하십시오.

점포사업과 네트워크 사업의 투자비용 비교

점포 사업	항목	네트워크 사업
2억원	초기 투자 비용	활동 경비
2억원 +α	리스크	중간에 포기할 때 " 그럴 줄 알았어~ㅋㅋ"
월수입 100만원 미만 57% 매일 적자 27% (400만 이상 5.6%)	수익	활동한만큼 수익

점포사업과 네트워크 사업의 비교

점포 사업	항목	네트워크 사업
손맛?	제품 검증	세계가 인정
점포 공간 제한 자동차 – 6,7년	구매 빈도	소비재 매일 사용 지속적 구매
건별 수익 종료	장래성	누적 수익 발생 상속

제 **2** 장

복제의 기술

2

하고자
하는
'열정'이
가장 큰 투자다

하고자 하는 '열정'이 가장 큰 투자다

　우화 중에 고전의 반열에 오른 것이 「개미와 베짱이」입니다. 그중에서 영국의 소설가 서머싯 몸이 내놓은 1탄의 후속 버전이 상당히 재미있습니다.

　베짱이 동생 톰은 20대에 직장을 때려치우고 평생을 놀고먹습니다. 개미 형 조지는 동생의 몫까지 열심히 일을 하느라 허리가 휘어질 지경입니다. 세월이 흐르고 흘러 25년이 지난 뒤 어느덧 중년이 된 조지가 말합니다.

　"난 평생 번 돈의 3분의 1을 저축했어. 이제 쉰 살이 되면 3,000파운드가 모일 거야. 빈털터리 톰은 그때서야 열심히 일하지 않은 걸 후회할 거야."

　그런데 이게 웬일! 동생 톰이 노파나 다름없는 귀부인과 재혼을 했는데 며칠 전에 그녀가 죽었답니다. 어이없게도 그녀는

50만 파운드의 현금과 요트 한 척, 런던의 대저택을 톰에게 남깁니다. 형 조지는 분노에 가득 차서 외칩니다.

"이건 공평치 못해! 제길, 이런 법이 어디 있냐고!"

세상은 정말 공평치 못합니다. 그렇다고 한탄만 할 수는 없지요. 베짱이가 되는 길을 찾아봐야 하지 않을까요?

자, 우리 함께 찾아봅시다.

1. 소비자가 저절로 광고하고 싶어 하는 **탁월한 제품**

우리의 내면에는 열정을 뿜어내는 힘의 동력이 있습니다. 느닷없이 웬 열정에 관한 얘기냐고요? 네트워크 마케팅 사업에는 내 열정만 투자하면 되기 때문입니다. 네트워크 마케팅의 사업 구조는 누구라도 쉽게 이해할 수 있을 정도로 아주 간단합니다.

==1단계는 제품을 사용하게 하는 겁니다.==

"내가 써보니 정말 괜찮더라고. 확실히 검증을 했어. 당신도 한 번 써봐."

간단하죠?

==2단계는 '제품을 계속 쓰게' 하는 겁니다.==

이건 더 간단합니다. 이미 그 사람이 효과를 체험했기 때문입니다. 대개는 말하지 않아도 알아서 계속 씁니다. 자, 여기서 중요한 단계로 넘어갑니다. 3단계입니다.

"써보니까 어때? 괜찮지? 그럼 다른 사람에게 추천해."

이게 네트워크 마케팅 사업의 전부입니다. 본인이 좋은 제품을 써보고 그것을 계속 쓰면서 남에게 권하는 것이죠. 그런데 1, 2단계와 3단계에는 커다란 차이가 있습니다. 1, 2단계 때는 누가 돈을 냅니까? 내가 냅니다. 3단계가 되면 얘기가 달라집니다. 돈을 내는 게 아니라 오히려 돈을 법니다. 즉, 내가 보상을 받는

사업자가 되는 겁니다. 좋은 제품을 직접 쓰는 혜택을 넘어 좋은
제품을 남에게 권해 유통이 발생하면 수익이 생기는 거지요.

　사업구조가 정말 간단하지 않습니까? 여러분이 팔로업을 할
때도 이처럼 간단한 구조로 알려주면 한결 도움이 될 겁니다.

　더 중요한 것은 검증받은 네트워크 마케팅 회사의 제품들은
저절로 남에게 권하고 싶은 마음이 들 정도로 제품이 훌륭하다
는 것입니다. 아무리 낯이 두꺼워도 좋지 않은 제품을 권하기는
쉽지 않은 일이지요. 하지만 네트워크 마케팅 회사의 제품이라
면 그런 걱정을 할 필요가 없습니다. '써보면 알아요' 하던 예전
의 어느 광고 문구처럼 누구나 써보면 압니다. 그래서 음식 잘
하는 집, 스토리가 탄탄한 영화, 질 좋고 값싼 제품을 파는 사이
트를 지인들끼리 서로 알려주듯 자연스럽게 광고가 됩니다.

네트워크 사업의 구조

1. 제품을 사용하게 한다. (품질 검증)
2. 제품을 계속 사용하게 한다. (효과 체험)
돈을 지불하는 사용자

3. 효과를 체험한 최고품질 제품을 다른 사람에게 추천하게 한다.
보상받는 사업자

검증된 제품을 스스로 사용하고 추천해서 수익을 올리는 구조
더구나 내가 직접 움직이지 않는 영역에서도 수익 창출되는 시스템

2. 돈도 많고 시간도 많은 베짱이가 돼라

　우리가 돈을 버는 원천은 보통 다섯 가지로 나뉩니다. 그것은 근로소득, 연금소득, 사업소득, 인세소득, 자산소득입니다.

　근로소득은 직장인이 버는 소득을 말합니다. 연금소득도 마찬가지입니다. 사업소득은 사업을 하는 사람들이 버는 소득이지요. 인세소득은 작가나 가수처럼 어떤 작품에 대해 일정 비율로 받는 소득을 말합니다. 우리가 눈여겨봐야 할 것은 자산소득입니다. 자산소득은 두 가지 경우로 나뉘지요. 하나는 아버지를 잘 만나는 겁니다. 다시 말해 금수저를 물고 태어나는 것이지요. 다른 하나는 네트워크 마케팅 사업을 하는 것입니다.

　그런데 똑같은 자산소득일지라도 여기에는 커다란 차이가 있습니다. 아버지를 잘 만나 빌딩을 물려받더라도 내가 잘못 판단하면 빌딩이 한 방에 훅 날아갈 수 있습니다. 네트워크 마케팅 사업은 다릅니다. 이 사업에서는 일정 단계만 오르면 한 방에 무너질 가능성이 거의 없습니다. 탄탄하게 구축된 네트워크는 토네이도가 몰려와도 절대 무너지지 않습니다.

　돈과 관련해 사람들을 유심히 살펴보면 대개 네 가지 유형으로 나뉜다는 것을 알 수 있습니다.

첫째, 사막거미형입니다. 이들은 돈은 없는데 시간은 무지하게 많은 사람입니다. 사막거미는 사막에 탄탄한 거미줄을 쳐 놓습니다. 그런 다음 아주 오랫동안 기다립니다. 하지만 야속하게도 날파리 한 마리 날아들지 않습니다. 사막에 뭐 먹을 게 있겠습니까. 예를 들면 전백련, 즉 전국백수연합회 회원들이 사막거미형이라고 할 수 있습니다.

둘째, 개미형입니다. 돈도 없고 시간도 없는 사람입니다. 보통 직장인들이 여기에 속합니다. 이들은 직장을 잃으면 재취업을 하지 않는 한 6개월에서 1년 사이에 완전히 빈곤층으로 전락합니다.

셋째, 누에형입니다. 돈은 많은데 시간은 없는 사람입니다. 이들은 대개 전문직에 종사합니다. 이들을 왜 누에형이라고 하는 걸까요? 다소 의아할 수도 있지만 얘기를 들어보면 그렇지도 않습니다. 누에는 비싼 실크를 뽑아냅니다. 그런데 누에가 실크를 뽑아내려면 힘들게 뭔가를 계속 섭취해야 합니다. 즉, 스스로 열심히 일을 해야 합니다. 자기 자리를 지키면서 직접 일하지 않으면 이들의 수익은 사라집니다.

넷째, 베짱이형입니다. 돈도 많고 시간도 많은 사람이죠. 이것은 아마 모든 사람이 원하는 라이프스타일일 겁니다. 이 유형에 속하는 사람들은 아버지를 잘 만난 사람, 성공해서 은퇴한 오너 그리고 성공한 네트워커입니다. 이들은 시간도 많고 돈도 많습니다. 그중에서도 특히 주목을 받는 사람이 성공한 네트워커입니다. 왜냐하면 네트워크 마케팅 사업은 내가 그 자리에 없어도 수익이 지속적으로 발생한다는 것이 가장 큰 핵심이기 때문입니다.

네트워크 마케팅 사업은 빌딩처럼 한 방에 훅 날아갈 염려도 없고, 내가 그 자리를 계속 지키고 있어야 수익이 발생하는 것도 아닙니다. 일정 단계에 오르면 자유롭게 사업을 하면서 돈도 벌고 좋은 사람들도 많이 만날 수 있습니다. 이것이 우리가 네트워크 마케팅 사업에 올인해야 하는 이유입니다.

진정한 부자

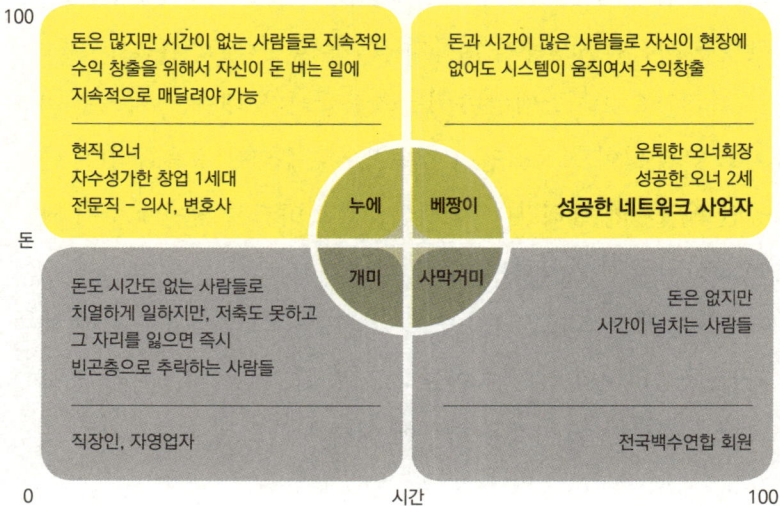

돈은 많지만 시간이 없는 사람들로 지속적인 수익 창출을 위해서 자신이 돈 버는 일에 지속적으로 매달려야 가능	돈과 시간이 많은 사람들로 자신이 현장에 없어도 시스템이 움직여서 수익창출
현직 오너 자수성가한 창업 1세대 전문직 - 의사, 변호사	은퇴한 오너회장 성공한 오너 2세 **성공한 네트워크 사업자**
돈도 시간도 없는 사람들로 치열하게 일하지만, 저축도 못하고 그 자리를 잃으면 즉시 빈곤층으로 추락하는 사람들	돈은 없지만 시간이 넘치는 사람들
직장인, 자영업자	전국백수연합 회원

누에 | 베짱이
개미 | 사막거미

돈 · 시간 · 0 · 100

하고자 하는 '열정'이 가장 큰 투자다

3. 리더십 달인의 여덟 가지 무기

왜 점포 사업은 안 되고 네트워크 마케팅 사업은 된다고 말하는 것인지 아십니까? 여기에는 명확한 이유가 있습니다. 그리스트를 다 늘어놓자면 몇 쪽을 할애해야 할지도 모르니, 가장 확실한 것 세 가지만 말하도록 하겠습니다.

하나는 리스크가 거의 없습니다. 네트워크 마케팅 사업에서는 점포 사업을 하는 것처럼 2억이나 3억을 투자하느라 위험부담을 잔뜩 짊어질 필요가 없다는 얘기입니다.

다른 하나는 정년이 없습니다. 아무리 나이를 먹어도 은퇴하라고 등을 떠미는 사람이 없습니다. 네트워커는 한 명 한 명이 자기 사업을 하는 사업자이기 때문입니다. 오히려 네트워크 마케팅은 시간이 지날수록 더욱더 탄력을 받는 사업입니다.

마지막으로 시스템이 수익을 창출합니다. 내가 그 자리를 지키고 있지 않아도 시스템이 지속적으로 수익을 창출합니다. 한동안 휴양지에 놀러갔다 와도 상관없고 아파서 병원에 누워 있어도 사업은 잘 돌아갑니다.

믿기 힘들다고요? 그럴 수도 있습니다. 그런 사람을 위해 제가 만든 『리더십 달인의 여덟 가지 무기』라는 하루짜리 프로그램을 권합니다. 이것은 하루에 여덟 시간으로 이루어지는 프로그램입니다. 그 프로그램을 간단히 소개하겠습니다.

- **꿈,** 어떻게 설정해야 하는가?
- **돈,** 어떻게 벌 것인가?
- **사업,** 어떻게 전개해야 하는가?
- **복제,** 어떻게 할 것인가?
- **리더십,** 어떻게 갈고 닦을 것인가?
- **인맥,** 어떻게 쌓을 것인가?
- **협상,** 어떻게 해야 하는가?
- **소통,** 어떻게 할 것인가?

리더십 달인의 8가지 무기

1 꿈의 달인 – 보물지도 만들기

2 돈의 달인 – 부자의 5가지 비밀

3 사업의 달인
– 점포 사업과 네트워크 사업의 차이점 분석
– 네트워크 사업 성공의 5가지 조건

4 복제의 달인 – 복제의 6가지 기술

5 리더십의 달인 – 성공하는 리더, 실패하는 리더

6 인맥의 달인 – 100점짜리 인맥 만드는 방법

7 협상의 달인 – 이기는 협상전략

8 소통의 달인 – 1분 안에 상대성격 파악

여기서 특히 리더십 프로그램은 네트워크 마케팅 사업의 리더들이 꼭 들어야 하는 내용입니다. 사실 네트워크 마케팅 사업의 출발점은 누구에게나 공평합니다. 학력, 경력, 노하우 등 기존에 쌓아온 것은 하등 차별 대상이 아닙니다. 출발선상에 서면 누구나 똑같이 시작하지요. 그런데 이상하게도 누구는 사업을 잘 키우고 또 누구는 잘 키우지 못합니다. 왜 그런 일이 발생하는 걸까요? 바로 리더십에 차이가 있기 때문입니다. 리더십을 모르면 그룹을 잘 키울 수 없습니다.

4. 행복한 상상의 과학적 근거

제가 가장 좋아하는 성공의 동력은 '마음'에 있습니다.

"세상사 마음먹기 나름"이라는 말처럼 마음먹기는 엄청난 힘을 발휘합니다. 가령 우리가 시한부 인생을 선고받았다고 해봅시다. 그런 선고를 받으면 대개는 '이제 나는 끝났구나. 곧 죽는구나'라고 생각합니다. 흥미롭게도 시한부 선고를 받은 사람 중 95퍼센트는 부정적인 생각을 하다가 인생을 끝내지만, 나머지 5퍼센트는 그렇지 않다고 합니다. 5명의 어떤 사람들, 즉 5퍼센트는 생존한다는 얘기입니다.

여러분이 그 5퍼센트가 되십시오. 여러분이 생존하면 되는 겁니다. 병에서 낫는 것이든 사업이나 인생에서 성공하는 것이든 핵심은 그것입니다. 흥미롭게도 이 모든 것을 결정하는 것이 바로 뇌입니다. 마음이 뇌에 있으니까요.

알고 있을지도 모르지만 뇌는 우리의 상상을 초월하는 기관입니다. 뇌는 우리가 원하는 모든 것을 이루도록 만들기도 하고, 또 우리가 할 수 없다고 생각하면 아무것도 못하게 만들기도 합니다. 뇌의 특징 중 하나가 '미래 기억'이라는 것입니다. 여러분, 기억은 과거일까요? 현재일까요? 미래일까요? 기억은 과거입니다. 그렇다면 미래 기억이란 무얼 의미하는 걸까요?

자, 어젯밤에 잠을 자다가 이런 꿈을 꿨다고 해봅시다.

여러분의 집으로 돼지 200마리가 꿀꿀거리며 들어오는 꿈입니다. 구제역에 걸리지 않은 포동포동한 돼지 200마리가 소란스럽게 밀려들어 옵니다! 여러분은 일어나자마자 무얼 할까요? 아마 당장 복권을 사러 달려갈 겁니다.

복권을 산 다음에는 무슨 생각을 할까요? 복권을 주머니에 넣은 다음부터 고민이 시작됩니다. 이 돈을 어디에 쓰지? 복권이 당첨될지 말지는 아예 안중에도 없습니다. 한두 마리면 긴가민가할 텐데, 무려 200마리나 되는 돼지가 집으로 들어왔으니 뭘 걱정하겠습니까! 더 생각할 것도 없이 무조건 통장에 50억 원이 있다고 여기는 겁니다.

그때부터 갑자기 사람이 바뀝니다. 어제까지 잘 지내던 내 집이 갑자기 좁아 보입니다. 물건도 구질구질해 보이고요. 밖에 나가면 평소와 달리 친구들 밥값을 몽땅 냅니다. 물론 왜 밥을 사는지는 얘기하지 않습니다. 그저 마음이 붕 떠서 완전히 딴사람처럼 보일 뿐입니다. 그러다가 마침내 토요일이 옵니다. 두근거릴 것도 없이 당연하다는 듯 번호를 맞춰봅니다.

그 결과는 어떨까요? 대개는 꽝입니다. 그 순간 모든 것이 원위치로 돌아옵니다. 한바탕 개꿈, 아니 돼지꿈을 꾸고 일주일을 행복하게 보낸 것에 만족해야지요.

초등학교 2, 3학년 아이들을 생각해보세요. 내일 소풍을 가면 오늘 잠을 제대로 못 잡니다. 방문을 열어보면 교회도 안 나가는 녀석이 기도를 하고 있어요. 비가 오지 말라고 말이죠. 아빠가 돼지꿈을 꾸고 복권을 사서 일주일을 행복하게 보내는 것이나 아이들이 소풍을 간다고 잠을 못 자는 데는 과학적인 근거가 있습니다.

우리가 행복한 상상을 하면 뇌에서 화학반응이 일어나는데 그때 분비되는 물질이 도파민이라는 호르몬입니다. 강제적으로 도파민이 나오게 하기 위해 프로포폴이나 마약에 손을 대는 사람들도 있지요. 그러나 마약을 하지 않아도 뇌에서 도파민이 나오게 할 수 있습니다. 어떻게 하느냐고요? 상상만으로도 충분히 가능합니다.

5. 뇌는 '밭'과 같다

　실제로 미국에서 인간은 상상만으로도 스스로를 죽일 수 있다는 이론이 나왔습니다. 대체 어떤 방법으로 실험을 했기에 이런 이론이 나온 걸까요? 그 실험 대상은 바로 사형수였습니다. 일단 사형수를 가둬둔 다음 사형시키기 직전에 이런 말을 들려줍니다.

　"너는 워낙 잔인한 죄를 저질렀기 때문에 일반적인 방법으로 죽이지는 않을 거야. 너를 꼼짝 못하게 철제의자에 묶어놓고 눈을 가린 다음 네 오른손의 동맥을 끊을 거야. 그러면 네 몸에 있는 모든 피가 바닥에 떨어지면서 천천히 고통스럽게 죽어갈 테지."

　그런 뒤 정말로 사형수를 철제의자에 묶고 오른손을 칼로 그었습니다. 그리고 그 사형수는 24시간 만에 죽었지요. 사망원인이 뭘까요? 정말로 모든 피가 쏟아져서 죽었을까요? 아닙니다. 피는 많이 흘리지 않았습니다. 피는 약간 흘리다 말았지요. 물론 동맥을 끊으면 사람은 죽게 됩니다. 그런데 이 실험에서는 동맥을 끊는다고 말은 했지만 동맥이 아닌 다른 피부를 살짝 긋는 선에서 그쳤습니다. 칼로 그었으니 사형수는 당연히 아팠겠죠. 피도 나왔을 거고요. 사실 그 철제의자에는 사형수가 사형실로 들어오기 전에 얇은 링거 선을 연결해놨습니다. 눈을 가린 사형수의 손목을 칼로 그었을 때 뒤에서 실험자가 링거액을 틀어 액체가 똑똑 떨어지게 만들었던 겁니다. 자신의 손목에 칼날이 스쳐갔을 때 아픔을 느낀 사형수는 당연히 이런 생각을 했겠지요.

'내 피가 떨어지고 있구나. 나는 죽는구나, 죽는구나, 죽는구나.'

그는 정말로 죽었습니다. 여기에는 과학적인 근거가 있습니다. 공포 상황에 놓이면 인간의 뇌는 분노와 용기의 호르몬인 아드레날린과 노르아드레날린을 분비합니다. 만약 우리가 심한 공포에 휩싸이면 두 호르몬이 과도하게 분비되는데, 이게 얼마나 무서운 독성을 띠는지 아십니까? 코브라가 사람을 콱 물면 사람은 몇 초 만에 사망합니다. 그런데 그 독보다 훨씬 더 강력한 독이 인간의 뇌에서 나오는 아드레날린과 노르아드레날린입니다. 결국 인간은 상상만으로도 스스로를 죽일 수 있습니다. 우리의 뇌는 그만큼 무서운 존재입니다.

다음의 말을 꼭 기억하십시오.

"뇌는 밭과 같다!"

뇌는 밭과 같다는 말이 무슨 뜻이냐고요? 밭에 콩을 심으면 뭐가 자랄까요? 당연히 콩이 자랍니다. 뇌도 똑같습니다. 뇌에 희망을 심으면 희망이 자라고 절망을 심으면 절망이 자랍니다. 하늘이 두 쪽이 날지라도 절망을 심었는데 희망이 자라지는 않습니다. 심은 그대로 자라는 게 인간의 뇌입니다.

6. 희망 + 절망 = 100

이것 하나만 더 기억하십시오.

"희망 + 절망 = 100!"

희망과 절망의 합은 100입니다. 한마디로 제로섬 게임입니다. 시소의 양 날개와 같지요. 어떻게 그런 계산이 나오느냐고요? 가령 희망이 50이고 절망이 50이라고 해봅시다. 이때 희망이 0으로 뚝 떨어지면 절망은 어떻게 됩니까? 당연히 100이 됩니다. 그 순간 사람은 자살을 합니다.

우리는 흔히 자살을 오해합니다. 자살한 사람들은 인생이 완전히 망가져서 혹은 돈이 한 푼도 없어서 죽는 거라고 보는 겁니다. 천만의 말씀입니다. 곰곰이 생각해보면 엄청난 부자들도 자살을 합니다. 현대그룹을 이어받은 정몽헌 회장을 생각해보십시오. 그는 계동 현대 본사 사옥 10층에서 뛰어내렸습니다. 그런데 그 창이 옆으로 열리는 창이 아니라 위로 열리는 환기용 창이었어요. 당시 언론에서 뭐라고 한 줄 아십니까?

"타살이다! 저 창으로는 사람이 나갈 수가 없다."

제가 가서 보니 제 큰 머리는 그 창에 걸리더군요. 결국 정몽헌 회장은 자신의 강한 의지로 몸을 날렸다는 얘기입니다. 정 회장은 돈이 엄청나게 많았지만 사망할 당시에 희망이 0이었습니다. 희망이 제로면 절망은 100으로 뛰어오릅니다. 그때 사람은 죽음 외에는 답이 없다고 생각합니다.

돈도 많고 인기도 많았던 최진실 씨는 또 어떤가요? 그녀는 정말 예뻤습니다. 그렇지만 그녀가 목을 맬 당시 그녀에게 희망은 0이었습니다. 심지어 전직 대통령까지 바위에서 뛰어내렸잖습니까.

만약 여러분이 정몽헌 회장이라면 자살하겠습니까? 미쳤나요, 죽게? 아마 그렇게 많은 돈을 쓰지도 않고 왜 죽느냐고 외칠 겁니다. 최진실 씨라면 어떻겠습니까? 물론 죽지 않을 겁니다. 노무현 대통령이라면요? 역시 죽지 않을 겁니다. 그들이 누리는 부와 명예, 인기라면 우리는 진짜로 죽는 게 아니라 기뻐서 죽을 겁니다.

그런데 그들은 왜 세상을 떠났을까요? 남들이 못 가져서 안달인 모든 것을 갖고도 그들은 왜 죽었을까요? 희망이 0이 되면 돈, 인기, 명예는 아무런 가치를 갖지 못합니다. 이해하겠습니까?

어떤 경우에도 여러분의 미래 기억 속에, 꿈속에 희망을 심어야 합니다. 뇌라는 밭에 희망을 심으면 희망이 자랍니다. 세상사는 심은 대로 자라게 마련이니까요. 다시 한 번 강조하건대 희망을 심는 농부가 되어 희망의 씨앗을 뿌리십시오. 분명 풍성한 희망의 열매를 거둘 수 있을 겁니다.

7. 교도소 안에서도 희망은 자란다

저는 간혹 이렇게 말하는 사람을 만납니다.

"저는 희망을 품을 수가 없습니다. 제가 엄청나게 힘든 상황에 있거든요."

분명히 기억하십시오. 희망과 절망은 내 현재 상태, 즉 눈앞의 팩트와는 상관이 없습니다. 아무리 힘들어도 희망을 심을 수 있습니다. 반대로 아무리 돈이 많아도 절망을 심을 수 있습니다. 저는 그걸 교도소에서 처음 깨달았습니다.

아는 사람이 많지 않지만 사실 우리나라에서 세계 최초로 교도소에 캠퍼스를 열었습니다. 대학 과정을 개설한 겁니다. 제가 강의하러 그곳에 갈 때 교도소 안의 강의실까지 가려면 검문을 열세 번 거쳐야 했습니다. 거기에다 아무것도 가져가지 못합니다. 저는 강의를 할 때 늘 노트북을 들고 다니는데, 그걸 들고 가지 못하는 곳이 우리나라에 딱 두 군데 있습니다. 심지어 청와대 대통령실도 미리 부탁하면 들고 갈 수도 있지만, 삼성전자 공장과 교도소는 절대 불가입니다.

열세 번의 검문을 받고 안으로 들어가면 고등학교 교실만 한 강의실이 나옵니다. 물론 학생은 죄수들이죠. 그곳에 앉아 있는 30명의 인상은 그야말로 장난이 아닙니다. 그들 중 어떤 사람은

20년형을 받은 학생도 있습니다. 어떤 죄를 저질러야 20년형을 받는지 아십니까? 살인입니다. 물론 살인을 저질렀다고 모든 살인자가 처음부터 마음이 모진 것은 아닙니다. 그들에게는 이유도 많고 사연도 많은데 들어보면 수긍할 만한 부분이 아예 없지도 않습니다.

교도소 학생들의 특징 중 하나가 몸이 좋다는 겁니다. 그곳은 몸이 곧 경쟁력이기 때문입니다. 더구나 운동은 열심히 하면서 몸에 나쁜 건 전혀 주지 않잖아요. 술과 담배는 금지입니다. 더 특이한 것은 몸에 문신이 있다는 겁니다. 이름도 없이 번호로만 불리는 그들은 '차카게 살자'라는 글자부터 험상궂은 그림까지 온몸을 꽤나 요란스럽게 치장하고 있습니다.

한번은 특이한 경험을 했지요. 3월에 개강해 5월쯤 됐는데, 쉰 살이 조금 넘은 한 학생이 마치 복권에 당첨이라도 된 것처럼 싱글벙글하는 겁니다. 본래 교도소 규칙이 사적인 질문은 못하게 되어 있는데, 너무 궁금해서 교도관에게 물어봤어요.

"저기 가운데에 앉아서 싱글벙글하는 분은 대체 무슨 죄를 지은 겁니까?"

"사기꾼이오. 거물 사기꾼."

나중에 그 학생과 친해진 다음에 뭐가 그렇게 즐거운지 물어봤지요. 그의 말이 감방 안에 앉아 시간이 남아돌다 보니 자신이 사기를 치다가 검찰에 걸린 문제를 분석해봤답니다. 그러다가 걸리지 않는 방법을 개발한 겁니다. 이제 나가기만 하면 1천억 원이 자기 돈인 거예요. 그렇게 미래 기억의 희망이 100퍼센트로 치솟으니 싱글벙글할 수밖에요.

여름방학이 끝나고 가을학기에 가자 그 학생 주변에 있던 3명도 표정이 바뀌었더라고요. 그들은 호칭까지 달라져 있었습니다. 쉰 살 먹은 학생은 회장님이고 나머지는 김 전무, 박 상무, 이 부장이라고 하더군요. 당연히 저는 그 이유가 궁금했지요. 대체 뭡니까 하고 물으니 대답이 가관입니다.

"제가 나가면 1천억 원을 번다고 했잖아요. 제가 쟤들한테 나눠주기로 했어요. 전무는 100억, 상무는 50억, 부장은 20억."

이처럼 희망은 교도소 안에서도 씨를 뿌리고 성장합니다. 어떤 경우에도 희망을 포기하지 않으면 거기에서 희망이 자라는 겁니다. 여기에는 전제조건이 있습니다. 그것은 사기를 치려는 희망이 아니라 긍정적인 희망의 씨앗을 뿌려야 한다는 겁니다.

여러분, 꼭 기억하십시오.

"희망 + 절망 = 100!"

8. 지금, 행동하라!

어떤 경우에도 여러분 자신을 의심하지 마십시오. 내가 나를 의심하면 아무도 나를 믿지 않습니다. 내 파트너들도 나를 믿지 않지요. 소비자도 마찬가지입니다. 가장 먼저 내가 나를 믿어야 합니다.

태권도 선수들이 격파할 때 어떻게 하는지 아십니까? 프로 격파 선수들은 돌이나 송판을 치기 전에 생각을 한답니다.

'오케이. 이건 이미 깨졌어.'

그 상태에서 내리칩니다. 그러다가 이런 날이 오기도 한대요.

'정말 깨질까?'

매일 깨던 것인데도 그런 생각을 하면서 내리치면 손이 망가진답니다. 의심해서 그런 겁니다. 스스로를 의심하는 바람에 결과가 엉망이 된 것이지요. 일단 의심을 하면 죽었다 깨어나도 원하는 결과를 얻을 수 없습니다. 여러분 주변의 성공 리더들을 보십시오. 그들의 표정에 뭔가 차이가 있지 않습니까? 그들은 어떤 경우에도 자신을 절대로 의심하지 않습니다.

저는 손금이 좀 특이합니다. 손금이 딱 두 줄입니다. 가로가 완전히 일자로 되어 있습니다. 어머니께 손금이 왜 이렇게 생겼냐고 물었더니 이러시더군요.

"진구야, 넌 이미 인생이 결정됐단다. 둘 중 하나야. 너는 성공하지 않으면……, 출세할 거야."

사실 손금에 무슨 의미가 있겠습니까. 하지만 어머니의 그 말은 저에게 큰 영향을 미쳤습니다. 성공하지 않으면 출세한다는데 열심히 노력하는 건 당연한 일이지요.

제 친구 중 한 명은 힘들 때마다 지갑 속에서 아내 사진을 꺼내 봅니다. 그 사진을 보면 힘이 나기 때문이라고 하더군요. 하루는 아내가 묻더랍니다.

"자기는 내 사진이 그렇게 힘을 줘?"

"음, 나는 힘들 때마다 이 사진을 봐. 세상에 이보다 더 힘든 일이 또 있을까?"

세계적인 갑부 빌게이츠는 아침에 일어날 때마다 말한답니다.

"오늘 나에게 엄청난 행운이 생길 거야. 난 뭐든 잘할 수 있어."

여러분도 아침마다 희망을 심으십시오. 프랑스의 실존주의 철학자 사르트르는 이런 말을 했습니다.

" Life is matter of C between B to D (인생은 B[birth, 출생] 와 D[death, 죽음] 사이에 놓인 C[choice, 선택]다)."

인생이 살맛나는 이유는 B와 D 사이에 있는 C 때문입니다. 그 선택은 오로지 현재에만 가능합니다. 인생이란 게 지나고 난 뒤에 땅을 치고 후회해봐야 달라지는 건 없습니다. 지나간 건 그냥 지나가버린 겁니다.

『그리스 신화』에 보면 시간에 관한 2명의 신이 나옵니다. 바로 크로노스와 카이로스입니다. 크로노스는 신들의 왕 제우스의 아버지고 카이로스는 제우스의 아들이지요. 크로노스는 이름 자체가 '시간'이란 뜻으로 세상 모두에게 주어지는 자연적인 시간, 즉 하루 24시간을 의미합니다.

카이로스

그러면 그림에 나타난 카이로스를 한번 보십시오. 카이로스는 앞머리가 덥수룩합니다. 그의 앞머리가 덥수룩한 데는 두 가지 이유가 있다고 합니다. 하나는 인간들이 그가 누구인지 몰라보게 하려고 그런답니다. 다른 하나는 누군가가 그를 알아보고 손을 뻗으면 언제든 잡혀준다는 의미입니다.

그런데 뒷모습을 보십시오. 대머리죠? 카이로스 신은 우리에게 이런 메시지를 보냅니다.

"인간들아, 너희가 나를 알아보고 손을 뻗으면 나는 항상 네 것이 되지만, 내가 지나가버리면 너희는 절대 나를 잡을 수 없단다. 나는 '기회'라는 시간의 신이야."

여러분이 희망을 품고 도전할 수 있는 것도 때가 정해져 있습니다. 그게 언제일까요? 바로 지금입니다. 지금 행동해야 합니다.

지금(present)은 곧 선물(present)입니다. 성공한 사람은 이미 어제 시작한 사람입니다. 앞으로 성공할 사람은 지금 시작해야 합니다. 죽었다 깨어나도 성공하지 못할 사람은 내일 한다고 말합니다. 인생에 '내일'은 없습니다. 그것은 그저 게으른 사람의 달력에만 존재하는 시간일 뿐입니다. 평생 오지 않는 내일에 매달리지 말고 지금 하십시오.

제**3**장

복제의 기술

눈이 번쩍
뜨이는
'복제의 기술
6감 6고'

눈이 번쩍 뜨이는
'복제의 기술 6감 6고'

옛날 어느 나라에 백성을 지극히 사랑하는 현명한 왕이 있었습니다. 어느 날 그 왕은 나라의 많은 현자를 불러 모아 백성에게 귀감이 될 만한 금과옥조(金科玉條)를 찾아보라고 분부했습니다. 수백 명의 현자는 머리를 맞대고 백성에게 도움이 될 만한 좋은 말을 모아 12권의 책으로 엮었습니다. 그들이 왕에게 그 책을 바치자 왕이 말했습니다.

"먹고살기 바쁜 백성들이 언제 그 많은 책을 볼 수 있단 말인고. 줄여보시오."

당대의 현자들은 또다시 머리를 싸매고 고민에 빠졌습니다. 그들은 12권의 책을 줄이고 또 줄여 단 한 권으로 만들었습니다. 그들이 그야말로 금과옥조만 뽑아냈다며 자신 있게 책을 내밀자, 왕은 여전히 인상을 찌푸렸습니다.

"내용은 좋으나 백성에게는 그것도 길겠구려. 좀 더 줄여보시오."

그로부터 1년 후 현자들은 책 한 권을 완전히 압축해서 왕에게 단 한 줄의 문장을 올렸습니다.

"세상에 공짜는 없다!"

그제야 왕은 미소를 지으며 흡족해 했습니다.

1. 간단, 간단 또 간단해야 한다

'복제의 기술'만 터득하면 네트워크 마케팅 사업은 앉아서 포크로 꿀떡 찍어 먹기입니다. 복제만 완전히 학습해도 1년이 아니라 6개월 만에 그룹을 두 배로 키울 수 있습니다. '복제의 기술'은 그만큼 중요합니다. 그래서 제가 준비했습니다. 새롭게 네트워크 마케팅 사업을 시작하려는 사람이 '오, 저렇게 간단한 방법이 있네'라며 좋아할 만한 팁입니다.

오랫동안 네트워크 마케팅 사업을 해온 사람의 관점에서는 새로 시작하는 사람이 좀 답답하게 느껴질 때도 있을 겁니다.

"아니, 이렇게만 하면 되는데 왜 그걸 못할까?"

팔로업할 때 흔히 듣는 얘기지요. 그런데 그 말에는 사실 어폐가 있습니다. 새로 시작한 사람들에게는 모든 게 낯설고 어려운 법입니다. 그러므로 최대한 간단하게 알려줘야 합니다. 제가 복제의 기술을 만들면서 세 가지 원칙을 세운 이유가 여기에 있습니다. 이걸 잘 기억했다가 팔로업할 때 쓰면 요긴할 겁니다.

첫째, 간단해야 합니다.

둘째, 簡單(간단)해야 합니다.

셋째, simple(간단)해야 합니다.

복제를 하려면 무조건 간단해야 합니다. 복잡하면 안 됩니다. 누구라도 쉽게 따라올 수 있도록 간단해야 합니다. 그 간단한 복제 방법으로 리더와 신규 네트워커 간의 감정 및 상식의 괴리를 좁혀야 합니다.

그러면 '6감'이란 무엇일까요? 시각, 청각, 후각, 미각, 촉각을 말합니다. 마지막 하나는 뭘까요? 바로 영감입니다.

이제 '6고'가 궁금할 겁니다. 우선 '보고'가 있습니다. 네트워크 마케팅 사업을 잘하려면 뭘 봐야 할까요? 책을 봐야 합니다. 하루에 45분씩 책을 볼 필요가 있습니다. 왜 45분씩 책을 봐야 하는지는 조금 뒤에 설명하겠습니다.

두 번째는 '듣고'입니다. 무얼 들어야 할까요? 강의 CD나 테이프를 듣는 겁니다. 하루에 60분씩 말이죠. '듣고'가 중요한 이유도 곧 설명할 것입니다. 제가 이걸 준비하기 위해 논문 수십 편을 읽느라 머리가 빠지는 줄 알았답니다.

세 번째는 '맡고'입니다. 어디 가서 뭘 맡으라는 얘기일까요? 세미나나 랠리에 가서 열정의 냄새를 맡아야 합니다. 그것은 곧 사람 냄새를 의미합니다. 랠리에 가지 않으면 열정도, 힘도 생기지 않습니다.

네 번째는 '먹고'입니다. 무얼 먹어야 할까요? 네, 제품입니다. 이건 두말할 필요조차 없지요.

다섯 번째는 '만나고'입니다. 누구를 만나야 할까요? 소비자를 하루에 3명씩 만나야 합니다. 하루에 3명씩 만나면 어떤 일이 일어나는지 분석한 결과를 곧이어 설명하겠습니다.

　여섯 번째는 '전달하고'입니다. 무얼 전달해야 하는 걸까요? 바로 사업입니다. 네트워크 마케팅 사업의 핵심은 사람들에게 사업을 전달하는 데 있습니다. 하루에 한 명에게 사업을 전달해 보십시오. 그러면 사업이 폭발적으로 성장할 겁니다.

6감 6*GO!*

보*GO!*

듣*GO!*

맡*GO!*

먹*GO!*

만나*GO!*

전달하*GO!*

2. 시각 – 보*GO*, '1일 45분 책읽기'

1) 책은 왜 읽어야 하는가

책을 하루에 왜 45분씩 읽어야 하는 걸까요? 문화부 발표에 따르면 우리나라 국민 10명 중 4명은 1년에 책을 한 권도 읽지 않는다고 합니다. 정말 답답한 일입니다. 시간이 나면 사람들은 보통 무엇을 합니까? 알고 있다시피 소파에 눌러 붙어 TV를 봅니다. 무려 42퍼센트에 달하는 사람들이 틈이 나면 리모컨을 만지작거리면서 TV 앞에 매달려 있습니다.

혹시 독서를 하면 스트레스가 해소된다는 사실을 알고 있습니까? 영국 서섹스 대학의 데이비드 루이스(David Lewis) 박사에 따르면 음악을 감상할 때는 61퍼센트, 독서를 하면 68퍼센트의 스트레스가 해소된다고 합니다. 책을 읽는 순간부터 6분이 지나면 심장의 맥박 수가 줄어든다는 겁니다.

루이스 박사의 주장이 실린 논문에는 책을 읽을 경우 뇌의 앞부분, 즉 창조성을 주관하는 전두엽이 바뀐다는 내용도 담겨 있더군요. 참고로 미래 기억도 전두엽에 있습니다. 실제로 성공한 CEO들은 한 달에 1,000쪽 이상의 책을 읽습니다. 이는 곧 서너 권의 책을 읽는다는 의미입니다.

여러분은 어떻습니까? 정말로 리더가 되고 싶다면 책을 읽어야 합니다. 읽지 않으면 새로운 정보를 전달할 수 없습니다. 무조건 책을 읽으십시오. 세계 역사에는 책을 읽고 성공한 사람들이 수두룩하게 등장합니다.

나폴레옹은 전쟁 때 천 권의 책을 수레에 싣고 가서 틈나는 대로 읽었다고 합니다. 가난해서 책을 살 수 없었던 링컨은 도서관에서 책을 빌려다가 베꼈답니다. 김득신은 사마천의 『사기』에 나오는 「백이전」을 1억 1만 3,000번이나 읽었다고 합니다. 책 한 권을 그 정도로 많이 읽었다는 얘기입니다. 아인슈타인에게는 독서한 후 메모하는 습관이 있었답니다.

빌 게이츠는 1년에 두 번씩 '싱크 위크(think week)'라는 시간을 냅니다. 소위 '생각의 주간'입니다. 그는 별장에 들어가면서 모든 통신수단을 내려놓고 책만 가져갑니다. 당연히 전화 통화는 되지 않습니다. 워런 버핏은 1년에 50주를 생각하고 일은 2주일만 한답니다. 소프트뱅크의 손정의 대표는 아파서 입원해 있을 때 3년간 4,000권의 책을 읽었다고 합니다.

구글에는 '20퍼센트 타임제'가 있습니다. 즉, 직원들에게 자유 시간을 주고 책을 읽게 하는 겁니다. 하루 종일 일만 하는 사람은 성공할 수 없다는 의식 때문입니다. 생각을 못 하니까 성공할 수 없는 것이지요.

2) 저절로 기억이 나는 독서법

그러면 책을 어떻게 읽어야 할까요? 저는 보통 하루에 반 권에서 한 권 정도를 읽습니다. 물론 대다수는 이런 방식으로 읽지 못하지요. 우리나라 사람들은 왜 책 읽기를 힘들어하는 걸까요? 한마디로 모든 책을 정독하려고 해서 그렇습니다. 일일이 정독을 하면 책을 읽는 데 많은 노고가 들어갑니다.

책은 이렇게 읽으십시오.

우선 제목과 목차를 쭉 훑어봅니다. 그다음엔 속독을 합니다. 줄거리를 술술 훑어보는 겁니다. 이 단계에서는 절대 정독하지 마십시오. 정독은 그 이후에 하는 겁니다. 이때 중요한 부분에 밑줄을 긋습니다. 이제 핵심 내용을 노트에 옮겨 적습니다. 아니면 워드로 쳐서 입력을 해도 좋습니다. 마지막으로 좋은 책을 주변에 알립니다. 이렇게 해야 많은 책을 읽을 수 있습니다.

책을 읽을 때는 어느 정도 스스로를 강제하는 것이 좋습니다. 저는 하루에 두 번 사우나를 하는데 열탕에 들어갈 때 책을 들고 가면서 300쪽짜리 책의 중간을 딱 접습니다. 그리고 볼펜을 챙긴 다음 접은 데까지 읽지 않으면 절대 나오지 않겠다고 결심합니다. 스스로 덫을 놓는 거죠. 열탕에서는 20분 이상 견디기 힘드니까 대충 훑어보면서 중요한 부분에 밑줄을 칩니다.

중간에 냉탕에 갔다 와서 다시 열탕에 들어갑니다. 그렇게 두 번 하면 40~50분이 지나는데 이때 150쪽을 읽을 수 있습니다.

이처럼 하루에 두 번의 열탕 사우나를 통해 책 한 권을 읽고 나면 다음에 그 책을 살펴볼 때는 40분 만에 300쪽짜리 한 권을 다 읽을 수 있습니다. 그다음에 그 책을 또 읽으면 20분밖에 걸리지 않습니다. 그런 방식으로 저는 하나의 책을 서너 번 읽습니다. 그러면 굳이 기억하려 애쓰지 않아도 다 기억납니다. 300쪽짜리에서 내게 요긴한 부분만 추려내면 2쪽 정도 됩니다. 사실 그걸 찾아내려고 책을 읽는 겁니다.

재미있는 사실은 이번에 2쪽을 찾아냈는데 1년 있다가 그 책을 다시 읽으면 엉뚱한 곳에서 해법을 발견한다는 겁니다. 책은 절대로 의무감에서 정독할 필요가 없습니다. 죽죽 훑어 내리면서 여러분에게 중요한 부분을 찾아내십시오. 그걸 메모했다가 사업을 할 때 전달하는 겁니다.

뇌는 망각을 잘합니다.

독일의 심리학자 헤르만 에빙하우스(Hermann Ebbinghaus)의 연구에 따르면 뇌는 어떤 내용을 배우고 나서 약 한 시간 후면 50퍼센트를 망각한다고 합니다. 하루가 지나면 60퍼센트를 망각하고 일주일이 지나면 70퍼센트, 한 달이 지나면 80퍼센트를 망각합니다.

기억률을 높이는 최선의 방법은 반복하는 겁니다. 계속 읽는 것이지요. 한 시간 이내, 하루 이내, 일주일 이내, 한 달 이내, 3개월 이내 해서 다섯 번만 반복하면 그것은 내 것이 될 수 있습니다.

3) 책에서 캐낸 신선한 정보를 전달한다

이제 구체적인 목표로 들어가 봅시다.

제가 여러분에게 시각, 즉 '보고'의 목표를 내줄 생각입니다. 이건 절대 잊지 마십시오. 바로 하루 독서시간 45분입니다. 소비자를 만나든 팔로업 대상자를 만나든 항상 15분 전에 먼저 도착하십시오. 일찍 나가면 여러분에게 이익이 돌아옵니다.

약속 장소에 15분 전에 도착하되 책을 들고 가십시오. 그 15분 동안 책을 읽는 겁니다. 자, 일단 책을 읽습니다. 그리고 만나기로 약속한 사람을 만납니다. 만날 때마다 똑같은 얘기를 하면 상대방은 그저 귓등으로만 들을 뿐입니다. 늘 하던 것처럼 '이번에 누가 돈을 얼마를 벌었다'는 얘기를 해보십시오. 아마도 앞에 앉은 사람은 인상이 구겨질 겁니다. 그럼 무슨 얘기를 해야 할까요? 방금 여러분이 읽은 책 얘기를 하는 겁니다. 얼마나 좋습니까. 다른 얘기, 다른 정보를 다루면서 일찍 나간 덕분에 덤으로 신뢰까지 얻으니 말입니다.

여러분은 월간 독서 목표를 2권으로 세우십시오. 하루에 45분만 시간을 내 천천히 읽으면 충분합니다. 그러면 연간 24권을 읽을 수 있습니다. 앞에서 제가 하루에 3명 이상 소비자를 만나라고 했지요? 그러니까 독서시간은 약속시간 15분 전에 도착해서 세 번입니다. 세 번이면 하루에 45분간 책을 읽을 시간이 생깁니다.

이것만 지키면 여러분이 누굴 만나 얘기를 하더라도 "저분은 똑똑해. 아는 게 많아"라는 말을 듣습니다. 책을 읽지 않고는 절대로 남을 설득할 수 없습니다. 여러분이 먼저 읽고 정보를 줘야 신뢰를 얻고, 관계도 오래 유지할 수 있습니다. 누구를 만나든 늘 새로운 정보를 줘야 합니다.

3. 청각 – 듣GO, '1일 60분 강의 CD 듣기'

1) 들어야 말할 수 있다

두 번째 목표는 '듣고'에 관한 것입니다. '듣고'의 목표는 하루에 60분 강의 CD를 듣는 겁니다. 듣는 것은 신기하게도 태아 때부터 중요하다고 합니다. 수정이 되면 태아는 며칠 이내에 귀가 발달한답니다. 특히 달팽이관은 수정 후 4개월 반 만에 완전한 크기로 성장한다고 합니다. 왜 그런지는 아직 명확히 밝혀지지 않았습니다. 아마도 듣기의 힘이 그만큼 중요하기 때문이 아닌가 싶습니다.

구약 성경에는 듣는 얘기가 천 번 이상 나옵니다. 신약 성경에도 425번이나 나오지요. 멕시코의 아스텍 신화에 보면「이 세상이 생겨날지어다」라는 노래가 나오는데 이것도 듣는 얘기입니다. 티베트인에게는 태초의 근원적인 소리 '옴~'이 있지요. '옴마니밧메홈'이라는 말도 여기에서 나왔다고 합니다. 한민족과 인류 시원의 역사를 기록한 책으로 우리나라에서 가장 오래된 역사서『부도지』에 보면 "태초에 소리가 있었다"는 말이 나옵니다. 인도에서는 우주가 소리에 매달려 있다고 하지요.

이 모든 것은 듣기가 얼마나 중요한 일인지 잘 보여줍니다.

사람은 귀로 듣는 소리만 입으로 낼 수 있습니다. 듣지 못하는 사람이 말도 못하는 이유가 여기에 있습니다. 우리는 들어야만 얘기를 할 수 있습니다. 그런데 가끔은 귀가 멀쩡한데도 못 듣는 사람이 있지요. 귀 기울여 듣지 않기 때문입니다. 이들은 정말 불행한 사람들입니다.

얘기를 하려면 들은 다음에 해야 합니다. 그러면 경청은 왜 중요할까요? 예를 들어 리더에게 상대를 설득하라고 6분을 준다고 해봅시다. 이 경우 대개는 혼자서 6분간 얘기를 하다가 끝냅니다. 시간을 3분을 주든 2분을 주든 마찬가지입니다. 듣는 시간은 아예 없지요.

우리는 흔히 내가 말을 잘해야 상대를 설득할 수 있다고 생각합니다. 사실은 그렇지가 않습니다. 말로 상대를 설득할 수 있는 건 7퍼센트에 불과합니다. 정서적인 것이 38퍼센트, 신체적인 것이 55퍼센트를 차지합니다. 결국 말로 떠들어봐야 별로 효과가 없다는 얘기입니다. 오히려 잘 듣는 것이 훨씬 더 효과적입니다.

2) 3분간 듣고 2분간 추임새를 넣고 단 1분만 말한다

들을 때는 3-2-1 법칙을 활용하는 것이 좋습니다. 가령 6분을 주고 상대를 설득하라고 하면 3분은 듣기만 합니다. 이때 상

대 쪽으로 몸을 약간 기울이고 상대의 눈을 바라봐야 합니다. 2
분은 매우 중요한데 이 시간에는 적절히 추임새를 넣어야 합니
다. 누군가가 얘기할 때 '아!', '네~' 하면서 잘 듣고 있음을 보여
주는 겁니다. 내 얘기는 나머지 1분 동안만 하면 됩니다.

상대가 자기 할 말을 모두 쏟아낸 다음 내 얘기를 해야 합니
다. 여러분이 팔로업을 할 때 답답한 마음에 "이렇게 하면 성공
하는데" 하면서 이런저런 말을 쏟아놓으면 상대는 듣지 않습니
다. 일단 여러분이 먼저 들어줘야 합니다.

여기에 물통이 하나 있다고 해봅시다. 물로 가득 찬 이 통에
다 술을 채우려면 어떻게 해야 합니까? 간단합니다. 뒤집어서
물을 쏟아내고 술을 부어야 합니다. 하지만 사람은 통처럼 간단
하게 비워지지 않습니다. 내 생각을 상대에게 전하려면 방법은
하나밖에 없습니다. 먼저 상대방이 생각하고 있는 것을 끄집어
내도록 열심히 들어주어야 합니다. 그것이 상대를 비우는 방법
입니다.

사람은 누구나 자기 얘기를 잘 들어주는 사람을 좋아하게 마
련입니다. 잘 들어주면 애쓰지 않아도 상대가 여러분을 또 만나
고 싶어 합니다. 얘기를 들을 때는 앞서 말한 것처럼 추임새를
적절히 넣고 몸을 약간 상대 쪽으로 기울이는 것이 좋습니다.
그리고 상대의 눈을 바라보면서 끝까지 들어주어야 합니다.

　팔로업을 염두에 두고 있다면 그날 무슨 얘기를 했는지 기록해두는 것이 좋습니다. 그러면 언제 다시 만나더라도 그 이전에 나눈 얘기를 되살려 대화를 편안하게 이어갈 수 있습니다.

　누군가를 만날 때 반드시 주의해야 할 것은 뒷담화입니다. 얘기를 잘 들은 다음에는 절대 뒷담화를 하면 안 됩니다. 뒷담화를 하면 3명이 피해를 봅니다. 뒷담화를 한 사람, 뒷담화의 대상이 된 사람 그리고 뒷담화를 할 때 죄 없이 앞에 앉아 있는 사람입니다. 뒷담화를 하면 이런 말까지 상대방의 귀에 들어갑니다.

　"이건 너한테만 하는 얘기인데, 있잖아……"

　물론 그 뒷담화가 칭찬이라면 얼마든지 해도 좋습니다. 그런 뒷담화는 오히려 효과가 200퍼센트 이상입니다.

　내 말을 효과적으로 전달하는 방법 중 하나로 전 정보통신부 장관 진대제 씨가 만든 '333 법칙'이라는 게 있습니다. 그는 누군가를 만나면 상대가 30초 동안 자신의 얘기에 관심을 기울이도록 만든다고 합니다. 덕분에 3분 동안 시간을 얻어 자신이 전달할 내용을 얘기합니다. 그리고 듣는 사람의 필요에 따라 이후 30분의 시간을 더 얻어 충분히 설명함으로써 목적을 달성합니다. 여러분도 한번 해보십시오. 30초 안에 상대의 관심을 유발하려면 아마도 메시지나 주장이 꽤 단순해야 할 겁니다. 상대가 들을 수밖에 없도록 말이죠.

　　남자들이 퇴근한 뒤 곧바로 집에 돌아가지 않고 술집으로 달려가 돈을 쓰는 데는 이유가 있습니다. 술집 마담이 자기 얘기를 잘 들어주기 때문입니다. 다시 말해 마담은 '경청'으로 손님의 마음을 움직입니다. 남자들은 자신이 하는 얘기를 모두 들어주는 사람이 있다는 사실 하나만으로도 술집으로 달려갑니다.

　　직장과 집에서 남자들의 얘기를 들어주는 사람이 있습니까? 거의 없습니다. 직장에서는 일 얘기가 아니면 거의 입을 열지 않습니다. 동료와 상사는 나를 뭉개려 하고 부하는 나를 밟고 넘어가려 합니다. 온통 적들뿐입니다. 집에 가면 어떨까요? 아내는 귓등으로라도 들어주는 척조차 하지 않습니다. 뭐라도 한마디 할라치면 콧방귀를 날립니다.

　　"귀신은 뭐하나 몰라. 저 인간 잡아가지 않고."

　　술집 마담은 다릅니다. 무조건 들어주지요. 그래서 남자들은 자신의 처지, 희망, 고통까지도 술술 털어놓습니다. 마담은 들으면서 열심히 맞장구를 쳐줍니다.

　　"아~", "네~", "저런~"

　　가끔은 애교 섞인 코맹맹이 소리도 날립니다. 그리고 잠깐 주방에 다녀온다고 하면서 그 손님이 말한 것을 기록해둡니다. 다음에 그 손님이 또 오면 얘기를 자연스럽게 이어가기 위해서죠. 속도 모르는 남자들은 자기 얘기를 기억해주는 마담에게 감동을 받습니다.

'세상에 내 애기를 진심으로 들어주고 기억해주는 사람은 마담밖에 없구나.'

그러니 또 갈 수밖에요. 술집 마담은 그저 들어주기만 하고 돈을 버는 것입니다.

다시 한 번 강조하지만 듣기의 목표는 하루에 60분을 듣는 것입니다. 월간 듣기 목표는 'CD 12개 정도 듣기'입니다. 어쩌면 여러분은 그보다 더 많이 들을지도 모릅니다. 출퇴근 시간에 왕복하면서 CD를 들으면 상당히 효과적입니다. 특히 반복해서 들으면 내용을 기억하는 데 큰 도움이 됩니다.

4. 후각 – 맡*GO*, '랠리에서 열정 냄새 맡기'

1) 열정 바이러스 보균자가 돼라

이젠 냄새를 맡는 '맡고'의 목표입니다. 무슨 냄새를 맡느냐고요? 세미나나 랠리에 가서 열정 냄새를 맡는 겁니다. 혹시 '귤화위지(橘化爲枳)'라는 말을 들어보았나요? 귤화위지는 강남의 귤을 기후와 풍토가 다른 강북에 옮겨 심으면 탱자가 된다는 뜻으로, 사람도 주위 환경에 따라 달라진다는 것을 비유하는 고사입니다.

　　어느 해 초(楚)나라의 영왕(靈王)이 안영(晏嬰)을 초청했습니다.
　　초나라 영왕은 인사말을 끝내기가 무섭게 입을 열었습니다.
　　"제(齊)나라에는 사람이 없소? 하필 경과 같은 사람을 사신으로 보낸 이유가 뭐요?"
　　안영의 키가 작은 것을 비웃는 말입니다. 당시 초왕은 제나라를 우습게 봤기 때문에 이처럼 심한 농담을 함부로 해댄 것입니다. 안영은 서슴지 않고 태연히 대답했습니다.
　　"그 까닭은 이러하옵니다. 우리나라에는 사신을 보낼 때 상대방 나라에 맞게 사람을 골라서 보내는 관례가 있습니다. 즉, 작은 나라에는 작은 사람을 보내고 큰 나라에는 큰 사람을 보내지요. 신은 그 중에서도 가장 작은 편에 속하기 때문에 초나라로 오게 된 것이옵니다."

안영의 능수능란한 말솜씨에 기세가 꺾인 영양은 은근히 부아가 끓어올랐습니다. 때마침 그 앞으로 포리가 제나라 사람인 죄인을 끌고 가자 영왕은 큰소리로 죄인의 죄명을 밝힌 다음 말했습니다.

"제나라 사람은 도둑질을 잘하는군."

안영이 대답했습니다.

"제가 듣기로 귤이 회남(淮南)에서 나면 귤이 되지만, 회북(淮北)에서 나면 탱자가 된다고 합니다. 잎은 서로 비슷하지만 그 과실의 맛은 다릅니다. 그 까닭은 무엇이겠습니까? 물과 땅이 다르기 때문입니다. 지금 백성 중 제나라에서 나고 성장한 자는 도둑질을 하지 않습니다. 그런데 초나라로 들어오면 도둑질을 합니다. 초나라의 물과 땅이 백성에게 도둑질을 잘하도록 만드는 것입니다."

초왕은 웃으면서 말했습니다.

"성인은 농담을 하지 않는다고 하오. 과인이 오히려 부끄럽구려."

제나라 출신의 죄인을 안영에게 보여줌으로써 안영의 명성을 누르려던 초왕의 계획은 결국 실패로 끝나고 말았답니다.

환경이 바뀌면 귤이 탱자가 되듯 사람은 환경의 영향을 받습니다. 우리가 열정을 가진 사람들 곁에 가면 우리의 열정은 대폭 늘어납니다. 반대로 열정이 없는 사람들 곁에 가면 우리의 열정도 줄어듭니다.

　열정을 통해 가장 큰 효과를 보려면 내가 먼저 점화되어야 합니다. 세상에서 가장 중요한 존재는 바로 '나' 자신입니다. 그렇기 때문에 내가 먼저 열정에 점화되어야 합니다. 마음 가득 꿈을 품고 열정을 발휘하면 어떻게 됩니까? 남들 다 놀 때 일하게 됩니다. 남들 놀러 다닐 때 자기 꿈을 향해 열심히 매진합니다. 그러면 어떻게 되나요? 당연히 남보다 앞서가고 또 자신이 원하는 정상의 자리에 올라갑니다. 그래서 열정이 중요한 겁니다. 마음속에서 솟구치는 것을 향해 묵묵히 나아가게 하니까요. 남이 뭐라고 하든 상황이 어떻게 바뀌든 열정은 자기 목표와 꿈을 향해 나아가게 만듭니다.

　제가 아는 분이 고등학교 2학년 아이와 함께 킬리만자로의 정상에 올라갔답니다. 거긴 해발 5,800미터가 넘는 곳이죠. 제가 물었습니다.

　"왜 아이를 그곳까지 데려갔습니까?"

　사실 그 아이가 예전에 몸이 좋지 않았답니다. 그래서 아이에게 뭔가 강한 의지를 심어주고 싶었다고 하더군요. '너도 할 수 있다', '너도 원하는 걸 가질 수 있다'는 것을 보여주고 싶었던 겁니다. 그 말을 듣고 있자니 마음이 찌릿하더군요.

저도 늘 열정을 유지하고자 노력합니다. 또 늘 젊음을 유지하기 위해 운동도 열심히 하고, 먹는 것도 잘 챙겨먹고, 사람들과 즐겁게 어울리면서 살아가지요. 열정이 가득한 사람들과 어울리는 여러분은 복 받은 겁니다. 저는 어디 가서든 네트워커들처럼 열정을 뿜어내는 사람들을 본 적이 없습니다. 늘 표정이 밝고 배려할 줄 알며 미래를 향해 열심히 나아가는 사람들을 만나는 것은 쉽지 않습니다. 여러분은 다릅니다. 여러분은 정말 현명한 선택을 한 사람들입니다. 그 열정을 그대로 밀고 나가십시오.

2) 선택과 집중으로 몰입한다

하늘은 스스로 노력하는 자를 돕습니다. 스스로 도전하고 움직일 때 모든 것이 시작됩니다. 그 어떤 신도 노력하지 않고 포기하는 사람에게는 아무것도 주지 않습니다.

성공하는 사람들은 왜 계속 성공하고, 실패하는 사람들은 왜 계속 실패하는 걸까요? 여기에는 과학적인 근거가 있습니다. 이해를 돕기 위해 이것을 운동의 법칙 중 '관성의 법칙'과 '가속도의 법칙'에 비유해서 설명하겠습니다.

관성의 법칙이란 정지하고 있는 물체에 외부에서 힘을 가하지 않는 한, 그 물체는 계속 정지해 있다는 것입니다. 만약 외부에서 물체에 힘을 가하면 그 물체는 움직입니다. 예를 들어 여기에 노트북이 있다고 해봅시다. 이것은 누군가가 들고 움직이지 않으면 계속 멈춰 있지요. 반면 움직이는 것은 계속 움직입니다. 가령 지구는 공전과 자전을 합니다. 지구가 태양을 중심으로 공전할 때 하루에 1도씩 돌아갑니다. 그렇게 1년에 360도를 돌아 계절도 바뀌고 밤낮도 바뀌는 겁니다. 또 지구가 남극과 북극을 지나는 자전축을 중심으로 하루에 한 번씩 자전할 때 시간당 15도씩 돌아갑니다. 덕분에 밀물과 썰물이 생기지요. 그런데 만약 외부에서 힘이 가해지면 이러한 활동이 깨져버립니다.

그럼 사람의 경우에는 어떨까요?

물체와 마찬가지로 사람도 멈춰 있는 사람은 계속 멈춰 있습니다. 도전하지 않는 사람은 주위에서 아무리 뭐라고 해도 도전하지 않습니다. 이것 역시 관성의 법칙입니다. 그런 사람에게는 온갖 이유와 핑계가 많습니다. 나이가 많아서, 너무 늦어서, 시간이 없어서 등 이런저런 이유를 대지요. '핑계 없는 무덤은 없다'는 말처럼 핑계를 대자고 작정하면 아마 바닷가의 모래알보다 더 많이 쏟아져 나올 겁니다.

다른 하나는 가속도의 법칙입니다. 성공한 사람들은 가속도가 붙어서 계속 더 큰 성공을 이뤄 나갑니다. 그 가속도의 방향이 힘의 방향과 같습니다. 물체를 뒤에서 때리면 그 방향으로 나아가는 겁니다. 힘의 크기와 가속도의 속도는 같지만, 힘의 크기와 질량의 크기는 반비례합니다. 똑같은 힘으로 큰 공을 칠 때와 작은 공을 칠 때 공이 날아가는 거리는 다르잖아요. 공이 멀리 날아간다는 것은 그만큼 힘을 몰입했다는 의미입니다.

사람도 똑같습니다. 평퍼짐하게 늘어져서 도전하지 않는 사람은 아무리 강력한 자극이 생겨도 무감각합니다. 그렇지만 여러분처럼 현명한 선택을 해서 몰입하면 어떤 자극을 받았을 때 그걸 단박에 낚아챕니다. 이를테면 제가 여러분에게 복제의 기술을 알려줍니다. 그럼 여러분은 어떻게 할까요? 당연히 기쁜 마음으로 그걸 받아들여 치고 나갑니다.

"와우, 이건 내 무기야!"

이처럼 관성의 법칙과 가속도의 법칙은 성공과 실패에 큰 영향을 미칩니다.

3) 랠리에 100퍼센트 참석한다

누군가가 길을 걷다가 갑자기 멈춰 서서 하늘을 바라보면 어떤 일이 벌어질까요? 한 명이 하늘을 처다보면 약 4퍼센트가 똑같이 하늘을 쳐다봅니다. 그런데 15명이 쳐다보면 약 40퍼센트가 하늘을 쳐다봅니다. 하늘에 아무것도 떠 있지 않아도 말입니다. 사람은 남들이 어떤 행동을 하면 그냥 따라한다는 얘기입니다.

세미나나 랠리에 참석하는 것도 마찬가지입니다. 랠리에 참석하면 저절로 열정이 솟지 않습니까? 저는 강연을 위해 랠리에 참석하면 30분 전부터 강연장에 나와 사람들이 입장하는 걸 지켜봅니다. 그들을 보는 것만으로도 열정이 저에게 전달되는 느낌이 들기 때문입니다. 그들의 그 뜨거운 열정을 받아야 제가 열정적인 강연을 할 수 있습니다. 랠리에는 열정 바이러스가 둥둥 떠다닙니다. 그렇기 때문에 여러분은 반드시 랠리에 참석해야 합니다. 뜨거운 열정을 온몸으로 받기 위해서 말이죠.

군중의 힘은 정신적으로 전염이 됩니다. 우리는 뭉쳐 있을 때 그 힘을 따를 수 있지만 혼자 있으면 그 힘이 사라져버립니다. 이건 장작불과 똑같습니다. 장작 하나를 따로 놓으면 불은 금세 시들해집니다. 그러나 장작더미를 한군데 모아놓으면 불이 순식간에 활활 타오릅니다. 군중의 힘도 마찬가지입니다. 가능하면 뭉쳐서 열정이 뿜어내는 에너지를 최대로 높여야 합니다.

꿀벌이 말벌을 물리치는 얘기를 아십니까? 사람이 말벌에 쏘이면 죽을 수도 있습니다. 말벌에게는 꿀벌보다 5,500배 이상의 독성이 있기 때문입니다. 만약 두 녀석들이 싸우면 누가 이길까요? 독성을 잔뜩 품은 말벌에게 꿀벌이 상대가 될까요? 말벌은 꿀벌의 가슴을 단숨에 잘라버리고 그 속에 들어 있는 꿀을 모두 빨아먹습니다. 하지만 꿀벌이라고 당하고만 있는 것은 아닙니다. 일대일로는 게임이 안 된다는 것을 아는 꿀벌은 단체 행동에 나섭니다.

30마리의 말벌과 3만 마리의 꿀벌이 싸우면 어떻게 될까요? 꿀벌들은 죽음을 각오하고 말벌 하나를 둘러싼 다음 자기들보다 5,500배 이상의 독성을 지닌 말벌을 죽입니다. 꿀벌이 날갯짓을 하면 열이 발생하는데 말벌이 죽는 치사 온도가 46도입니다. 흥미롭게도 꿀벌이 죽는 치사 온도는 48도입니다. 그 2도 차이에 목숨을 내걸고 꿀벌들이 날개를 움직여서 자신들이 죽기 직전인 47도까지 온도를 끌어올리는 겁니다. 대단하지 않습니까. 군중이 뭉치면 그 힘은 무섭습니다.

여러분도 마찬가지입니다. 랠리에 참석해 열정을 주고받으면 그 힘이 뭉치고 또 뭉쳐서 강력한 시너지 효과를 냅니다. 한 명에 한 명을 더하면 두 명 이상의 힘을 발휘할 수 있습니다. 이것이 바로 시너지 효과입니다. 어떻게 하면 시너지 효과를 강화할 수 있을까요? 꿈에 몰입하면 됩니다. 뭔가를 이룰 수 있다는 강력한 몰입이 엄청난 시너지 효과를 냅니다.

그룹의 모든 구성원이 꿈에 몰입하도록 하려면 어떻게 해야 합니까? 리더가 먼저 스스로 꿈에 몰입해야 합니다. 내가 몰입되어 있지 않으면 아무도 설득할 수 없습니다. 그렇기 때문에 '맡고'의 목표는 랠리에 100퍼센트 참석해 열정의 냄새를 맡는 것입니다. 열정을 널리 퍼트리면서 꿈에 몰입하십시오.

5. 미각 - 먹GO, '제품 먹고 사용하기'

'먹고'에 대한 목표는 더 이상 말이 필요 없을 정도로 분명합니다. 내가 취급하는 제품을 먹어보고 사용해보는 겁니다. 내가 직접 사용해보고 제품을 잘 알아야 남에게 권할 수 있을 테니까요. 스스로 검증하지 않고 남에게 권하면 자신감도, 설득력도 떨어집니다.

6. 촉각 - 만나GO, '1일 3명의 소비자 만나기'

1) 좋은 인상을 남긴다

이제 '만나고'의 목표를 살펴봅시다. 이 목표는 하루에 3명의 소비자를 만나는 겁니다. 사람을 만날 때 무엇보다 중요한 것은 '이미지'입니다. 내가 어떤 이미지로 남느냐에 따라 그것은 사업의 성패에 커다란 영향을 미칩니다. 내 내면을 보여주는 인상의 중요성은 아무리 강조해도 지나치지 않지요. 매일 만나는 사람들과 의사소통을 할 때 가장 신경 써야 할 부분은 첫인상입니다. 아니, 아예 첫인상에 승부를 걸 각오를 해야 합니다.

전 세계적으로 많은 사람의 입에 오르내린 리 아이아코카 전 크라이슬러 회장은 이렇게 말했습니다.

"성공은 당신이 아는 지식이 아니라 당신이 아는 사람과 그들에게 비치는 당신의 이미지를 통해 찾아온다."

사실 처음에 호감을 가지면 사람들은 웬만한 실수는 그냥 넘어갑니다. 반면 좋지 않은 인상을 준 사람은 뭘 해도 고깝게 봅니다. 인지과학에서는 이를 확증편향(confirmation bias)이라고 하는데, 이것은 두뇌의 기억 활동에도 작용합니다. 다시 말해 자기 생각에 부합하는 기억은 쉽게 떠올리고 불편한 사실은 잘 기억하지 못합니다.

국내 인상학 박사 1호, 주선희 씨는 다음과 같이 말했습니다.

"타고나는 얼굴은 20~30퍼센트에 불과하고 70~80퍼센트는 후천적 환경과 노력으로 만들어진다."

여러분의 인상은 여러분에게 달렸다는 얘기입니다. 좋은 인상을 주기 위해 노력하십시오.

그다음으로 중요한 것은 열정 조절하기입니다. 여러분은 분명 열정이 넘칠 겁니다. 사람은 보통 자신이 알면 남도 안다고 생각하고, 자신이 해본 것은 남도 해봤을 거라고 여깁니다. 마찬가지로 열정이 넘치는 여러분은 상대방에게도 열정이 있을 거라는 생각에 누군가를 만나면 끝까지 쏟아 부으려고 애쓰니다. 그러면 안 됩니다. 상대방의 열정이 순식간에 점화되는 것은 아닙니다. 열정을 퍼트리는 데는 시간과 노력이 필요합니다.

그러므로 너무 서둘지 마십시오. 상대방이 가장 듣기 좋아하는 시간은 딱 45초에 불과하다는 사실을 기억해야 합니다. 1분 30초가 지나면 약간 지루하다고 느낍니다. 말하는 사람도, 듣는 사람도 무슨 얘기인지 모를 정도로 흥미를 잃는 시간은 2분 10초입니다. 절대로 3분 이상 말하지 마십시오. 중요한 말은 가급적 45초 안에 끝내십시오. 그런 다음 기다렸다가 상대가 얘기하는 걸 듣고 또 얘기해야 합니다. 많이 듣고 짧게 말하면서 타이밍을 잘 잡아야 한다는 의미입니다.

소비자를 '하루에 3명 만나겠다'는 목표를 세우십시오. 그러면 한 달에 60명을 만나게 됩니다. 설령 60명을 만날지라도 초기 사용자는 그중 30퍼센트, 즉 한 달에 18명으로 줄어듭니다. 이 중에서 지속적으로 마니아가 되는 소비자가 있습니다. 그런 사람이 한 달에 2명이 생깁니다. 그것밖에 안 되느냐고요? 결코 적지 않은 수입입니다. 1년으로 계산하면 24명의 마니아가 생기는 것이니까요. 천천히 가십시오. 초반에 왕창 승부를 보겠다는 조급성은 조금도 득이 되지 않습니다.

2) 성격 유형을 알아야 잘 대응한다

우리는 시간을 어떻게 사용할까요? 평생을 살아가면서 우리가 TV를 보는 시간은 7년, 걱정하는 시간이 6.7년, 화장실에 앉아 있는 시간이 3.5년이랍니다. 그런데 웃는 시간은 고작 89일에 불과하답니다. '웃으면 복이 온다'는 말은 사실입니다. 지금은 웃음이 복을 줄 뿐 아니라 돈도 벌어줍니다. 그러니 가급적 많이 웃으십시오. 여러분이 밝고 명랑하게 웃으면 여러분 주변에 좋은 사람들이 모여듭니다. 나아가 여러분이 유머를 구사해 사람들에게 웃음을 선사할 경우 이미지가 상당히 좋아집니다. 물론 유머를 구사해 사람들의 호감을 사려면 학습을 해야 합니다. 빤한 얘기를 하면 사람들이 웃지 않으니까요. 사람들은 엉뚱하고 기발하며 상식을 뒤집는 얘기를 들어야 배꼽을 잡고 웃습니다.

그러면 사람의 네 가지 성격 유형을 살펴봅시다. 사람의 성격 유형을 알아야 유머도 잘 먹히고 함께 일할 때 대응 방법을 찾는 데도 효과적이니까요.

네 가지 성격 유형

- '성격이 급한데 <u>업무 중심적</u>이다' - 호랑이형
- '성격이 급한데 <u>사람 중심적</u>이다' - 돌고래형
- '성격이 여유가 있는데 <u>업무 중심적</u>이다' - 사슴형
- '성격이 여유가 있는데 <u>사람 중심적</u>이다' - 코알라형

호랑이형은 인정받기를 원하고 경쟁을 즐깁니다. 무엇보다 빨리빨리 서두는 편이지요. 돌고래형은 속도가 빠르긴 하지만 낙관적입니다. 이들에게 "당신, 참 멋져요!"라고 말하면 미친 듯이 좋아합니다. 사슴형은 모든 일에 정확합니다. 이들에게 하나 더하기 하나는 딱 둘이지요. 사슴형에게 "당신, 참 멋져요!"라고 말하면 이들은 '쟤가 왜 저럴까' 하고 의심합니다. 코알라형은 조용하고 느릿느릿합니다.

직장생활이나 사업을 할 때 가장 좋지 않은 조합은 윗사람이 호랑이형인데 아랫사람이 코알라형인 경우입니다. 호랑이가 코

네가지 행동유형 특징

특징
조용함
속도가 느림
소극적 입지
안정성 추구
추구하는 것
성실함과 안전, 평가

특징
낙관적
속도가 빠름
감정적
인정받기
추구하는 것
인기와 명성

코알라형　돌고래형

사슴형　호랑이형

특징
조심성
정확성
공정성
정밀함
추구하는 것
정확성과 정밀함

특징
앞장서기
통제하기
경쟁속의 승리
인정받기
추구하는 것
목표성취, 지휘권

알라를 눌러버리기 때문입니다. 만약 여러분이 호랑이형이나 돌고래형이라면 사슴형이나 코알라형을 기다려줘야 합니다. 질문을 하면 호랑이형이나 돌고래형은 응답하는 데 2초가 걸리지만, 사슴형과 코알라형은 보통 7초쯤 걸립니다. 성질이 급한 사람은 숨이 넘어갈 만한 시간이지요. 만약 그런 유형과 일을 한다면 일단 질문을 하고 속으로 일곱까지 세면서 기다리십시오.

좀 더 이해하기 쉽게 이들 네 유형이 노래방에 간 상황을 생각해봅시다.

호랑이형은 쉽게 눈에 띕니다. 일단 탄력을 받으면 마이크를 절대 놓지 않거든요. 보통 앙코르 없이 다섯 곡은 뽑습니다. 돌고래형은 머리에 넥타이를 두르고 불 끄는 소화기까지 들고 뜁니다. 한마디로 오버하는 스타일입니다. 코알라형은 구석에 앉아 박수칠 준비를 합니다. 사슴형은 노래방에 들어가서 나올 때까지 노래를 못 고릅니다.

핵심은 이겁니다.

돌고래형은 외모나 아이디어를 칭찬해주어야 합니다. 사슴형은 논리와 정확성을, 호랑이형은 성취와 추진력을, 코알라형은 팀워크와 타인을 존중하는 자세를 칭찬해야 관계가 좋아집니다.

7. 영감 – 전달하*GO*, '1일 1명에게 사업 전달하기'

1) 조급해하지 말고 '1830 법칙' 실천하기

'전달하고'의 목표는 정말 간단합니다. 하루에 한 명에게 사업을 전달하는 겁니다. 바빠서 그럴 수 없다고요? 만약 그렇다면 사명과 회사의 존재 이유 그리고 여러분이 왜 사업을 하는지 생각해보십시오.

여러분의 회사는 왜 존재합니까? 돈을 벌기 위해서입니까? 물론 돈도 벌어야겠지요. 하지만 그게 전부는 아닙니다. 소비자와 파트너를 확보하고 제품을 전파하기 위해 존재합니다. 그렇죠? 소비자와 파트너를 확보하고 제품을 전달하는 게 왜 중요합니까? 어려운 이웃에게 도움을 줄 수 있으니까요. 어려운 이웃에게 도움을 주는 건 왜 중요합니까? 그들에게 경제적 자유를 주어 그들을 역경에서 구해낼 수 있기 때문입니다.

여러분은 결코 여러분의 미션을 잊어서는 안 됩니다. 여러분이 이미 학습하고 체험한 것을 전파해야 합니다. 소비자에게 제품을 전달하는 게 전부는 아닙니다. 오로지 돈을 벌 목적으로 사업을 하는 건 아니라는 말입니다. 돈은 좋은 경험, 좋은 제품을 전파하는 과정 중에 생기는 겁니다. 여러분이 하는 일은 어려운 이웃을 역경에서 구해내는 것입니다.

혹시 '도리스의 문고리'라는 말을 들어봤나요? 국제네트워크판매협의회의 전 무역협회장인 도리스는 사람을 만날 때 문고리를 들고 가서 항상 이렇게 말한답니다.

"이것은 당신을 성공으로 안내할 문고리입니다. 잡기만 하세요."

여러분도 여러분만의 상징물을 만들어보십시오. 아마 큰 도움을 줄 것입니다.

지금까지 목표를 죽 살펴봤는데 한번 정리를 해봅시다. 저는 1년에 파트너 8명을 만드는 30퍼센트 법칙을 권합니다. 그걸 두고 저는 '1830 법칙'이라고 부릅니다. 하루에 한 명에게 사업을 전달하면 3개월에 60명에게 사업을 전달할 수 있습니다. 그중 관심을 보이는 사람이 통계적으로 30퍼센트입니다. 3개월에 관심을 보이는 사람 18명을 만나는 셈이지요. 거기에서 사업을 시작하는 사람이 30퍼센트입니다. 다시 말해 3개월에 5명이 사업을 시작하는 겁니다. 물론 그들 중에서 사업을 지속하는 사람은 30퍼센트밖에 안 됩니다. 결국 3개월에 지속적으로 사업을 하는 사람 2명을 만난다는 얘기입니다.

마음이 급한 사람은 고작 그것밖에 안 되느냐고 불평할 수도 있지만, 그게 그렇지가 않습니다. 1년에 8명의 사업 파트너를 구축해보십시오. 머지않아 분명 기쁨의 탄성을 올릴 것입니다. 제가 장담하지요. 너무 서둘지 말고 1년에 8명의 사업 파트너를 구축하는 겁니다. 1830 법칙을 실천하십시오.

2) 해야 할 것과 하지 말아야 할 것

네트워크 마케팅 사업에서는 해야 할 것과 하지 말아야 할 것이 있습니다.

먼저 해야 할 것 다섯 가지는 다음과 같습니다.

해야 할 것
- 스폰서 존중하기
- 봉사하기
- 휴식 취하기
- 좋은 습관 갖기
- 자기 자신 믿기

다음은 해서는 안 될 것 다섯 가지입니다.

해서는 안될 것
- 사업 파트너와의 돈 거래
- 소비자가 되어달라고 애걸하기
- 다른 사람이 자신처럼 하리라고 기대하기
- 스폰서에게 고통주기
- 쉽게 사업 포기하기

에필로그

네트워크 마케팅 사업에서는 포기하지 않으면 결국 성공합니다. 비록 거절로부터 사업을 시작할지라도 절대 포기하지 않아야 합니다. 핵심은 바로 그것입니다. 거절로부터 자유로워질 때 여러분은 백만장자가 됩니다. 거절을 당하면 어떻게 해야 할까요? 간단합니다. 패스! 하고 다음으로 넘어가면 그만입니다. 그건 고통스런 일이 아니라 사업 과정에서 자연스럽게 겪는 일에 불과합니다.

사람들은 보통 거절이 두려워서 네트워크 마케팅 사업을 꺼립니다. 그러나 거절에 도전하지 않으면 성공 확률은 제로입니다. 사람과 사람이 만나 네트워크를 구축하는 과정에 어떻게 거절이 없겠습니까. 그걸 아는 성공인은 거절을 즐깁니다. 왜냐고요? 사업 과정에서 당연히 발생하는 일이니까요.

곰곰이 생각해보십시오. 상대가 여러분이 원하는 걸 갖고 있습니다. 여러분이 그 사람을 만나지 않으면 그에게 그걸 얻어낼 확률은 0퍼센트입니다. 그러니 가서 만나야지요. 상대를 만나면 얻어낼 확률은 금세 50퍼센트로 뛰어오릅니다. 'Yes' 아니면 'No'이니까요. 확률은 반반입니다. 계속해서 만나십시오. 그게 확률을 최대로 끌어올리는 지름길입니다. 자꾸 시도해야 성공 확률이 높아집니다.

네트워크 마케팅 사업을 시작하면 후원수당 9,500억 원의 대상자가 되지만, 도전하지 않고 망설이거나 포기하면 그중 단 1원도 내게 돌아오지 않습니다. 그 사실을 반드시 기억하기 바랍니다.

물론 네트워크 마케팅 사업도 분명 사업인 만큼 호락호락하거나 쉽지는 않습니다. 하지만 지구상의 그 어떤 사업보다 간단한 방법으로 사업을 할 수 있는 시스템이 존재합니다. 여러분은 그 시스템에 올라타기만 하면 됩니다. 고되고 힘들더라도 절대 포기하지 말고 앞으로 나아가십시오. 여러분이 멈추지 않고 전진한다면 성공은 반드시 여러분의 손에 들어올 것입니다.

여러분의 성공을 뜨겁게 응원합니다.

복제의 기술

1판 1쇄 찍음 2013년 9월 12일
1판 2쇄 펴냄 2013년 11월 11일

지 은 이 송진구
펴 낸 이 배동선
　　　　　마케팅부/최진균, 서설
　　　　　총무부/양상은
펴 낸 곳 아름다운사회
출판등록 2008년 1월 15일
등록번호 제2008-1738호
주　　소 서울시 강동구 성내동 446-23 덕양빌딩 202호 (우: 134-033)
대표전화 (02)479-0023
팩　　스 (02)479-0537
E-mail assabooks@naver.com

ISBN : 978-89-5793-179-0 03320

값 6,500원

잘못된 책은 교환해 드립니다.